ヘコむな、この10年が面白い!

元ソニー・チャイナ会長
小寺 圭

「モノづくり」から「コト興し」時代へ

風雲舎

はじめに

日本はなぜヘコんでしまったのか

日本人はなぜこんなにヘコんでしまったのだろう？　経済的な失速がこれほどまでに国や人の姿を弱々しく見せるのだろうか——？

今から9年前、ほぼ30年にわたる海外勤務を終えて帰国し、日本に腰を落ち着けたとき、身のまわりを見渡して私が覚えた感慨です。

どうしてそうなったのか、私なりにそのわけを考えてみました。大きな要因はやはり、20年の長きにわたる経済の低迷でしょう。

１９９０年頃まで、日本は何もかも世界の一番を目指して突き進んでいました。ところがそのあとすぐ、情報化社会とＩＴ産業の出現で日本はアメリカに肩透かしを食い、目標が見えなくなりました。同時に、お家芸であった「モノづくり」も、お隣、中国の台頭で、足元からおかしくなってきます。

それでも必死になって、ＩＴでなんとかアメリカについていこうと考えたときに、アメリカはまたもや「金融資本主義」という新しいビジネスモデルを持ちこみ、そこでも日本は肩透かしを食いました。今度はついていくことすらできずに、単にツケを払わされただけで終わろうとしています。

世界で一番どころか、この20年、日本は常にフォロアー（追随者）の立場に置かれていたのです。どの分野でも、先頭に立つには時間がかかります。日本があれこれ時間をかけているうちに、世界の潮流がどんどん変わっていったのです。

それに、何がなんでも一番になろうとしますから、二番手、三番手の楽しみ方を知りません。まるで、クラスの優等生が一番の座をライバルに明け渡したら、もう勉強がイヤになってズルズルと落伍していくみたいなものです。

それが、まぎれもないこの20年の日本の姿でした。

「自分マーケティング」が鍵

でも、これからの10年、やりようによっては日本は再び活力のある国になる可能性が大いにあります。その「やりよう」とは、いったいどんなものでしょうか?

人間にも国にも、人知れない特技というものがあります。それは往々にして他人にも自分にも見えないものです。この見えないものが実は大事なのです。これを顕在化するだけで、自分の本当の価値が見えてきます。この価値の顕在化のことを、私は「自分マーケティング」と呼んでいます。それがうまくできれば、先が開け、人生も楽しくなってきます。

この「自分マーケティング」を、企業のレベル、国のレベルで考えるのです。これが私のいう「やりよう」です。今日本が、「自分マーケティング」を国全体で考え、果敢に実行すれば、ここ10年の展開は相当面白くなります。

そうはいっても、もうＩＴや金融は世界の各国に食い散らされてしまった部分が多いですね。そこへおっとり刀で参入しても、たいしたうまみがないことはさんざん味わってきたことです。では何がこの国を、企業を、そして自分を面白くさせるのか。それを考えたのが本書です。

私が思うに、日本はいま、従来の成功スキームを大胆に捨て去り、明治以降、最大の方向転換を図る時期にきています。

何をどう転換するのか、私の主張は次の三つです。

①日本は「モノづくり」国家から脱却すること
②日本は「事業化」を通した「コト興し」の国に変わること
③日本は「環境ビジネス」の分野で世界をリードする国になること

詳細は本文に譲るとして、「モノづくり」を捨てろという一見乱暴に見える一番目の主張には、ほとんどの方が反発されるのではないでしょうか。

それに私は、「モノづくり日本」の代名詞ともなった「ソニー」の社員でした。いったいどうしたの？　お前がそれを言うか？　という皆さんの顔が目に浮かぶようです。

「異邦人」の視点から

エトランゼ（異邦人）という言葉があります。

私が２００１年にソニーの国内販売会社ソニーマーケティングの社長に就任したときに、量販店やソニーショップの人たちを招いて社長交代のパーティーが行われました。その席上、当時ソニーの社長であった安藤国威さんが私をお客様に紹介する際に、「今度の社長に外国人を連れてきました」と言われたので驚いたと同時に、自分が社内でも異邦人と思われているのだと気づかされました。

私はサラリーマン生活のほぼ30年をソニーで過ごし、しかもその大半は海外でのマーケティングの仕事でした。地域でいうと、中近東をはじめとし、東南アジア、ヨーロッパ、中国などで、そのおかげで日本経済の栄枯盛衰を内と外の両側から見ることができました。

内というのは、ソニーという日本を代表するブランド企業であり、モノづくり企業であった会社の中にどっぷりと浸かって見た日本であり、外というのは、日本を離れて多種多様な文化圏の中で生活し、ある意味、客観的に日本を外から見ることもできたということです。

また三年間だけですが、日本の販売会社のトップも経験しましたので、外国と日本の消費者の違いを興味深く観察することができました。ソニー退職後は米国系の流通業も経験させてもらったので、製造メーカーと流通業の両方の目で消費者を見る目も養えるよい機会にも恵まれました。

本書は、宮仕えを離れた気やすさも手伝って、現役時代には口が裂けてもいえなかったようなことも含めて、私の思うところを存分に吐露したものです。日本と日本企業は、このままでは近い将来、間違いなく世界の片隅に追いやられ、〝かつて繁栄した老大国〟と軽んじられる存在になります。そうならないための処方箋を、異邦人の視点から懸命に考え、書いたつもりです。

「モノづくり世界一」はもはや幻想

ご承知のように、日本が経済的老大国に堕す兆しは、もうすでに現われています。

たとえば、携帯電話の世界市場を見てみましょう

現在、世界の携帯電話の生産量は年間11億台（2009年）ほど。そのうちシェア1位の

「ノキア」（フィンランド）が4億台強で38パーセント、2位の「サムスン」（韓国）が2億台強で19パーセントです。3位には中国のブランド「Bird」（波導）が入っています。

日本のメーカーはどの辺にいるのかというと、日本国内市場で1位のシャープのシェアは、なんと世界のたった1パーセントです。

中国のブランド「Bird」。あなたはこの中国企業の名前を聞いたことがあるでしょうか。私のまわりにもこの「Bird」の名前を知っている人はそうはいません。そんな企業が世界の3位にいるのです。

ちなみに、世界の携帯端末の半分は中国でつくられており、ノートパソコンの9割が中国生産です。

液晶テレビの世界でも、世界1位のシェア（23パーセント）を持つのは韓国のサムスンで、2位が同じく韓国のLG（ラッキーゴールドスター　13パーセント）、3番目にようやく日本のソニー（同じく13パーセント）が入ります。

ところが、1位のサムスンと2位のLGはともに、1台のテレビも日本市場では売っていません。どちらも以前は日本市場開拓に熱心でしたが、あまりにも日本の消費者が振り向いてくれないので、製品販売の縮小あるいは限定品目のみの販売に切り替えてしまったのです。ただし両社とも部品販売は拡大させています。

ゲーム機の世界では日本のプレイステーションとニンテンドーが世界を制覇していますが、そのほとんどは中国にある台湾系企業の「鴻海」（フォックスコン）という会社がつくっています。同社の従業員は60万人ぐらいといわれ、ソニーとパナソニックとシャープの全従業員をたしたぐらいの人数です。

日本ではほとんど売られていない携帯電話や液晶テレビをつくっている会社が、実は世界のナンバーワン企業なのです。ほかにも、中国にはとてつもなく大きな製造会社がありますが、一般の日本人はほとんどその名前さえ聞いたことがないというのが現実です。

これはおかしいとは思いませんか？

我々日本人は日本が巨大市場であり、日本は世界の技術の中心に位置していると思いこんでいますが、実は日本こそ世界から取り残された市場であり、日本人こそ世界で何が起こっているかが見えていない人種なのです。

芸能やスポーツの世界では、世界の情報があふれています。

メジャーリーグの放送はリアルタイムで行われ、欧州のサッカーリーグの番組も毎日のように放映されています。欧米の新譜や映画はほとんど時差なしに持ち込まれ、ゴシップ情報もアメリカや欧州のタブロイド紙の隅っこにあるような情報まで、一夜にしてテレビの芸能情報番組で流されます。

しかし、こと経済の話になると株価や為替の情報以外には、日頃、世界のどこで何が起こっているのかほとんど知りません。肝心かなめの経済情報に関しては日本は完全な情報鎖国の国なのです。

それが理由かどうか知りませんが、日本人は一般の人からテレビや新聞のコメンテーターにいたるまで、日本の技術、日本の製造がまだ世界一だと思っているフシがあります。日本人はなぜノキアの携帯を買わないのか、なぜサムスンのテレビを買わないのか、なぜ「Acer」（エイサー・台湾）のパソコンを買わないのか、なぜ「現代」（ヒュンダイ・韓国）の自動車を買わないのか——私は不思議でなりません。

日本の技術の「ガラパゴス化」とはここ数年よくいわれることです。その例としてよく挙げられるのが日本の携帯電話です。日本独自のスタンダードに固執し、通信システムの鎖国政策をとったが故に、日本国内の市場では進化をとげたものの、世界標準の商品がつくれなくなり、世界市場ではまったく競争の外に置かれてしまったのです。

しかし実は、このガラパゴス化は消費者の側にもあるし、日本のインテリと呼ばれる人の中にも根強く見られます。その理由は、富をモノ（ハード）の量でしか量れないことと、商品価値の基準が常に日本にしかなく、「モノづくりは日本が一番」という幻想があるからです。

ここに、日本と日本人、日本企業が陥っている最大の勘違いがあります。

「モノづくり」から「コト興し」へ

私は本書を通して、

「モノづくり」に固執し、すがるのをやめなさい、

「ハードづくり」は、それを得意とする国に任せなさい、
と、あえて主張します。

我々日本人はモノをつくり上げることに固執したことを知るべきです。

産業革命の時代の終焉とともに、ハードをつくって右から左に売る時代は終わりました。これからは「コトを興す」時代です。そのことを言いたくて、私は本書を書きました。

私の言う「コト興し」には、大別して三つの側面があります。

一つ目のコト興しは、モノをビジネスの中核に置きながらも、その製造のような付加価値の低い分野への投資は避け、モノを介在としたサービスで儲ける新しい事業構造をつくること。

二つ目には、どんなビジネスにも関連事業というものがあり、この関連事業の連鎖をつくることにより、産業全体、国全体に大きな産業のうねりをつくること。

そして三つ目には、モノには依存せず、ソフトやサービスビジネスという無形の価値を提供し、日本の優れたカルチャーを世界に売り込むこと。それは単なるビジネスにとどまらず、観

光客の増加や都市の改造、日本の国家価値の再興にもつながります。

これらのことを実現するには、優れたシステムとオペレーションとマーケティング力を必要とします。今後の日本を支える人材には技能だけでなく、これらの能力の有無が問われます。さらには、このすべてをグローバルに推し進めていく知恵とパワーが必要です。

これからの日本にとっては特に、アジアの新興国との協業関係が重要で、互いの持てる人的・技術的・資金的資源を最大限、交流・活用しながら、共に市場の拡大を目指すことが決定的に重要です。

そして、次の10年を考えると、この新しいアジアの時代を切り拓く上でのキーワードは、やはり「環境」です。環境を軸とした新しい産業構造の中心に、どうしたら今後の日本と日本の若者が位置することができるのか。どうしたら、これからくる「環境の10年」のリーダーとなれるのか。本書ではそのことを読者の皆さんと一緒に考えていきます。

2010年7月

小寺　圭

ヘコむな、この10年が面白い！――

［目次］

【第2章】日本はなぜ置き去りにされたのか

【第4章】モノづくりから「コト興し」へ

カバー装幀　山口真理子
編集協力　斎藤　明（同文社）

【第1章】

さらば、モノづくり

町工場のモノづくり

日本経済が停滞し、中国・韓国や東南アジアの国々の隆盛が伝えられると、マスコミや知識人が出てきて繰り返し述べるパターンは「どうしたモノづくり日本！」といったセリフです。その行き着くところは、モノづくり回帰論です。

このセリフを聞いた誰もが、「そうだ、どうしたモノづくり」と自然に反応していると思いますが、少し待ってください。本当にモノづくりが、最終的に日本経済を救うのでしょうか。モノづくり回帰論が何の抵抗もなく絶対的な真理のように語られることに誰も疑問を持たないのでしょうか。異邦人の私にはとても不思議な光景です。

こういうときにテレビや新聞などでよく紹介されるのが小さな町工場の話です。こんな小さな企業が世界的な技術を持っているとか、こんなところにもモノづくりの原点が隠されているといった話がニュースで流れます。そんな映像を見せられるとなぜかほっとしたような気持ちになり、「いいぞ、町工場がんばれ、日本はすごい」と、まるでワールドカップで日本チームがゴールを決めたように気分がよくなります。

しかし、そのようなものが本当に日本を救うのでしょうか。

私も、そういう町工場的なところに素晴らしい技術が存在するのは否定しません。けれど、そのような町工場が百あっても千あっても、とても日本経済を回復させるだけの大きなうねりとはなりません。むしろ、そのような先端技術を持つ会社がいつまでも町工場の規模でいることのほうが問題です。どうしてその会社はその優れた技術をベースに世界的なビジネスへ発展させることができないのでしょうか。

日本の問題は、まさにそこにあるのです。

それは単に町工場の経営者がグローバルな視点を持っていないという資質の問題だけではなく、日本にはそのような経営者を大事に育て支援するような資本市場も政策的な体制も整っていないのです。

その技術を使う側の立場に立ってこのことを考えてみましょう。たった一個の人工衛星の部品をつくるのなら町工場でもかまいません。しかし、その技術を大量生産に使おうと思ったら、町工場で数人の工員さんの手づくりでつくる量ではとても間に合いません。似通った品質で、大量に安く生産できる中国の業者に注文するでしょう。

にもかかわらず、町工場が時代の間尺に合わないビジネスを一生懸命守り通し、それを日本のメディアが、「これぞ日本のモノづくりの原点だ」と持ち上げる。それを見た視聴者が納得し、わが意を得たりとうなずく。しかし、そう持ち上げられてもこの町工場には何の助けにもなりません。日々、資金繰りに苦しんでいる町工場を世界的な企業に育てるには、まず資金的な援助が必要です。今、日本のベンチャーファンドも銀行も、このような会社を助ける体制が十分できているでしょうか？　それがまったく無理であることは皆さんも先刻ご承知のとおりです。

ですから私は、こんな滑稽な話はいい加減にやめにしましょうと言いたいのです。

外国ではどうか

ヨーロッパの企業でA社という骨接合材料などをつくっている会社があります。この会社はチタンを素材とした「人工骨」を製造販売しているのですが、世界では３０００億円（純利益８００億円）、日本では１５０億円ほどのビジネスをやっています。驚くのは、その商品単価です。ほんの数ミリのチタンのボルト１本が数万円もするのです。

人工骨は人間の身体の中に入るものですから、当然のことながら大変な精密度が要求されます。スイスの時計産業で培《つちか》われた精密技術がこのような商品を生んだものと考えられます。

また、欧米には「ストライカー」とか「ジンマー」というような「人工関節」で数千億円を売り上げる会社が数社あります。いずれの会社も原価率が20パーセント以下という超優良企業ばかりです。日本にももちろん人工関節をつくる会社はありますが、どれも比較にならないほど事業規模が小さく、市場も日本国内のみにほぼ限定されています。

よく知られたことですが、チタンのような冶金《やきん》の分野では日本は世界をリードしていますし、精密技術なら日本はスイスと肩を並べる国でしょう。それがどうしてこのような医療関連の産業に、日本がまったく参入できていないのでしょうか。

日本の医療機器の会社としては「テルモ」のようなすばらしい会社もありますが、その売り上げはやっと3000億円ぐらいで、売り上げこそA社と同額でも、利益は米国やスイスの企業の足元にも及びません。しかもテルモがつくっている医療機器は注射器や体温計といった消耗品が主ですから、自ずと利益率なども大きく異なります。

おそらくこれは、日本には技術があってもそれをうまく事業化する仕組みがないことによるものでしょう。

たとえば、この医療機器。業界事情は複雑で、医療機関や大学と医療機器会社との連携が歴史的に見てもまったくなされていません。その背景には、国が医療の産学分離のポリシーを頑《かたく》なに守ってきた事情があります。そのため本来なら日本が世界一であるべきこのような事業においてメーカーがまったく孤立し、ひたすら消耗品づくりを強いられてきたのです。その結果がこのような現実をつくりだしたのではないでしょうか。

モノづくりをいうならば、モノづくりだけを孤立化させずに、産業化できるための体制づくりをやらなければなりません。そうでないと、日本は世界一の下請け工業国に成り下がってしまいます。

モノづくりは日本固有の特技?

さて、「モノづくり」は日本の代名詞のようにいわれていますが、モノづくりは日本固有の特技なのでしょうか。

これが、違うのです。歴史的に見ても、そのことはわかります。

産業革命後いち早く発展した国々はすべてモノづくり国家でした。イギリスしかり、アメリカしかりです。19世紀から20世紀にかけて繁栄した国家はすべて、モノづくりで国を興し、市場を世界中に拡げ、やがてそこから卒業していったのです。

モノをつくろうとすれば、その原料や燃料が必要になります。またモノが大量につくられればそれを売る市場が必要となり、販路となる新たな市場を求めて、大国・強国が弱い国々に勝手な理屈をつけて攻め入っていったのです。そんな勇ましくも愚かなる蛮行が、ほんの60年ぐらい前まで地球上のどこでも何の疑いもなく行われていたのです。ですから第2次大戦まではモノづくりと戦争は密接に関係していたともいえます。極端な言い方をすれば産業革命の行きつく先が戦争だったのです。

第2次世界大戦後はさすがにそのような植民地主義はなくなり、表面的には経済的理由から他国に侵攻するという形はなくなりました。しかし今でも、領土問題や国境問題は絶えません し、フォークランドや中印・中越のように戦争になった例もあります。ベトナム戦争やイラク戦争も経済的な理由が背後にないかと問われれば、それは知ってのとおり必ず資源や市場といった理由も隠されています。産業革命を語るにはこのような植民地や戦争の存在を見落とすことはできません。

ですから、実は「モノづくり」というのは18世紀後半に始まった産業革命そのものです。「産業革命→モノづくりの勃興→帝国主義的領土拡大」という流れ。その帝国主義の最後のバスに間に合ったのが、坂の上の雲を目指した明治の日本だったのです。

話がちょっと脇にそれましたが、モノづくりは歴史的に見ればけっして日本固有の特技ではなかったのです。

しからば今はどういう時代なのかといえば、ソフト・情報・金融など形の見えないもの、インタンジブル（無形）なものが、より大きな経済価値をもたらす時代です。

そんな時代に、モノづくりを金科玉条のように日本の経済のど真ん中に置きつづける発想は、それこそ時代遅れでしょう。モノづくりは欧州から米国、そして日本に移り、それが中国やブラジル、やがてインドやインドネシアなどに移っていく。極めて自然なことです。いわば歴史の必然です。

家電メーカーの興亡に見るモノづくりの限界

20世紀のモノの代表的なものは家電製品です。モノづくりの世界的なシフトを知るには家電業界を見るのが手っ取り早いでしょう。

欧州ではオランダの「フィリップス」を除いて、大きな家電メーカーはもう残っていません。フランス最大手の「トムソン」はアメリカの「RCA」などを買収したものの、今は放送用機器などを残して家電分野から撤退しています。また、ドイツ最大の家電メーカーであった「グルンディッヒ」はトルコの「コチ」グループに買収され、ドイツ以外では滅多にその商品を見ない存在になりました。アメリカではどうかというと、純粋アメリカブランドはすでに20年以上前になくなっていますし、それら欧米のブランドを駆逐《くちく》してきたのは、まさに日本の家電ブランドだったのです。

日本の家電メーカーは80年代から90年代にかけて世界を席巻しました。ブランド名でいえば、松下ナショナル、サンヨー、日立、東芝、ソニー、JVC、シャープ、パイオニア、NEC、ケンウッド、アカイ、サンスイ、アイワ、オンキョー、これにカーステレオや空調などの専門メーカーなどをたし合わせると、実に20以上の日本の家電ブランドが世界の市場を埋め尽くしていた時代があったのです。今では信じられないような古き良き時代のことです。

こんなにたくさんのブランドが、それぞれ利益を出して商品をつくり続けられたことは今となっては不思議な気がしますが、それは50年代から70年代にかけてアメリカの自動車メーカー・ブランドが乱立し、しかも毎年のように新車発表を行っていた時代に酷似しています。

それはおそらく、市場が急拡大し、誰にでも儲けられるチャンスがあった時代だったからかもしれませんが、一番の理由は、まだその時代は物流も仕入れも生産も資本も人もグローバル化する以前の状態であったことです。それぞれが良いものさえつくれば、限られた市場ではそれなりに売れた時代だったのです。

しかし、そんな時代が長く続くわけもありません。我々が今直視しなければいけないのは、製造業が日本から新興国にシフトしているという事実です。いつまでも日本にそのようにたくさんのブランド商品が存在できるわけもありませんし、今後は合弁・買収がよりいっそう進み、欧米企業がたどったような淘汰《とうた》が進むでしょう。

しかし、それよりも重要な事実は、製造を単に人件費の安い地域へシフトさせるだけではすまなくなってきているということです。世界の産業構造の大きな変化は、そんな小手先の変化で企業が生き延びることを許さなくなっています。

もう一度言います。モノづくりとは産業革命そのものであり、現在我々が住む世界はポスト産業革命の時代に移ろうとしているのです。

日本から東南アジアへのシフト

１９８０年代になって日本から多くの工場が海外にシフトされていきました。その行く先は、主に労働賃金が安く、しかも労働の質が良い東南アジアでした。強力なブランドホルダーであるメーカーの工場移転にともない、そのメーカーに部品などを納める協力会社も次々と同じ国々へ製造工場を移転させました。この形は日本の製造業の将来にわたる理想的な姿として、これがあたかも未来永劫続くと思われていました。

東南アジアへ進出した日本企業は日本人のエンジニアや管理部隊を現地へ大量に送り込み、日本式の製造と管理を行ったので、基本的には日本と同じ製造工程を単に場所を移して行ったにすぎません。

私はソニー在籍時代、91年から96年までシンガポールに滞在し、その地にアジアのマーケティング拠点を築きました。それまで東京で行っていた販売やマーケティングの機能をより市場に近いところで、しかもローカル（現地）化できる仕事はなるべく現地でやろうというアイデアでした。

そのアイデアをさらに押し上げた理由が、生産が東南アジアにシフトし、あわせて事業部の機能もシンガポールにシフトしたので、同じ場所で製販（製造と販売）による商品の選定や数量確定作業をやろうということでした。

このとき私が驚いたエピソードがあります。同じシンガポールにソニーは部品のプロキュアメント（購買）を行う大きな部隊を置いていました。私たちは当時同じオフィスにいても彼らの仕事の中身ははっきり理解していませんでした。あるとき、部品ベンダー（協力会社）さんを集めてゴルフ大会をやるので、マーケティングの代表として参加し挨拶することになりました。

そこに集まるのは当然シンガポールやマレーシアなどの現地の人たちだと思ったので英語でのスピーチを考えていたのですが、なんと驚いたことに３００名ぐらい集まったベンダーはすべて日本人でした。つまり、シンガポールにおける日本のセットメーカーと協力会社の関係は、日本での関係をそのまま東南アジアにシフトしたものだったのです。

しかも多くのベンダーは、現地側には製造商品の決定はおろか生産数や価格設定などの裁量権がまったくなく、すべてが日本の本社との交渉になります。日本の本社がすべての決定をする理由は、

①日本にも工場を抱えていて同じような製品を日本のセットメーカーに供給しているので、アジアでの価格を微妙に日本の価格に合わせて調整をする

②日本に売り上げを移して本社の売り上げとしたい

③現地に判断できるような人材を送り込んでいない

などでした。

こうして現地供給された部品にどれだけコスト競争力があるのか、誰にでもすぐわかることです。結局、現地生産とは安い労働力以外のメリットはなかったのです。

これは15年から20年も前の話ですが、今でもまだ大きく変わっていない部分です。それが証拠に、今でもソニーでは海外で日本資本のベンダーではなくコストの低い現地ベンダーからの部品の買い付け比率を増やすことを大きなテーマの一つとしています。

いずれにせよ、このような日本的な製造モデルが東南アジアにシフトしてもうまく回っていたのは、先にも言ったように家電製品は日本メーカーが世界を圧倒していた分野だったからでしょう。その頃はまだサムスンもＬＧも日本メーカーを脅かす存在ではなく、まして中国のブランドなどあるわけもなく、「iPod」も生まれる前の時代だったのです。

東南アジアから中国へ

このようなメーカーとベンダーとの関係は、中国に生産がシフトされると、大きな変化が現われます。東南アジアから行った日本のベンダーは中国ではまったく通用しませんでした。台湾系の企業に太刀打ちできなかったのです。加えて、中国には、東南アジア諸国には見られなかった国家（企業）の意思があったのです。

東南アジア諸国の政府や企業にとって最大かつ唯一の関心事が雇用の増大であるのに対し、中国はその技術を自分たちのものにしようという明確な意思があったのです。

自分たちのものにしようということの中には、類似品をつくって儲けようという意図もあるでしょうし、やがては自分たちでもっと安くて良い商品をつくり出すという遠大な計画もあったのでしょう。

そういう中国にとって日本企業が進出してくれることは願ってもないことです。しかしながら、おそらく中国に初期に進出した日本企業はそのような中国政府や企業の意図を察知することもなく、単に東南アジアより労働力が豊富で安いと考えたに違いありません。

外国での生産の話が出ると決まって議論されるのがこの労働力コスト（賃金）のことです。どこどこの国はどこより賃金が安いというのが決まり文句のようにいわれますが、そもそも製品コストに占める労働賃金の割合は、家電製品の場合、商品にもよりますが、５～15パーセントぐらいのものです。ですから労働賃金だけを尺度に生産国を決めるようなこと自体おかしな話です。

また、このような話をするとすぐに、中国に進出すると技術が盗まれ、やがては自分たちと競合する商品で対抗してくるので、中国に技術を持ち出すのは自分の首を締める行為だという人がいます。しかし、これはとても料簡の狭い考え方です。

現実的に考えれば、技術移転をしようがしまいが、盗まれる技術は盗まれます。それを半年や1年は遅らすことはできるかもしれませんが、しょせんは時間の問題です。中国の模倣技術はかなり高いことはすでに誰もが知るところですし、今やリバースエンジニアリング（製品からその構造や素材を調べていくこと）は、技術開発の一つの方法として認知されています。

考えるまでもなく、日本も戦後欧米からの技術移転に助けられ、ある程度の模倣も行い、自分たちの技術の基盤としてきたのです。とはいえ、中国の模倣のレベルは過去の日本の比ではありませんし、今後も続くと思います。

中国で製造をやろうとすると、中国では数年前まで100パーセント外資での会社設立が難しく、現地企業とのパートナーシップを組むことになります。ここが中国政府のうまいところで、これで中国側への技術移転が容易になりますし、企業の習いとして中国では利益を抑えて日本側で利益を厚く取ろうとしても、それが困難になります。そして、やがて同じような製品が現地企業から販売されるようになります。

ここで現地企業というのは、特に電子部品産業などでは大陸系の企業ではなく台湾企業が主です。もともと台湾では電子産業がさかんであったわけですが、台湾の人件費の高騰で、日本企業が東南アジアにシフトし、台湾経済が一時衰退するという経緯がありました。しかし台湾は、これを中国大陸に進出することによって、見事にリカバリーしたのです。

台湾企業の中国進出

このように台湾からも多くの企業が台湾海峡を越えて大陸に陸続と入っていきました。ただ、台湾企業はもともと自社ブランドが弱く、電子産業においても、いわゆる下請け的な仕事を得意としていました。一方、中国は90年代半ばになって積極的な外資導入策をとったものの、それまでの鎖国同様の政策や文化大革命による大学教育の荒廃などで、会社を経営したり、技術を理解できる人材は極端に不足していました。

必然的に人材は香港や台湾に仰ぐことになりますが、香港が金融やマネージメント系人材に優れているのに対して、台湾からは設計や製造系の人材が大量に送り込まれ、同時に台湾資本の導入もさかんに行われるようになりました。

こうして中国は、政治の世界では２０００年に生まれた民進党の陳水扁《ちんすいへん》内閣への反発を深めていながら、その裏で経済的には台湾の経済界をうまく大陸に引き込み、中国でのビジネス基盤なしには台湾企業が生きられないような形へともっていったのです。政治力をうまく使って台湾の技術と資本を取り込む、中国の計算し尽くされたやり方です。

台湾から中国本土へ進出した企業に特徴的にいえることは、どの企業も自分のブランド製品をつくって売るような会社ではなく、いわゆるＯＥＭ（相手先ブランドでの製造）業者であったことです。「はじめに」で述べた鴻海などが代表的な企業ですが、自社ブランドを持っていないので彼らがつくったものがいくら海外に輸出されようが、台湾企業の名前が前面に出てくることはありません。中国人でさえ、どれだけの人が同社が台湾資本であることを知っているでしょうか。そんな存在であるにもかかわらず、２０００年ぐらいから数年間にわたって、これら台湾資本のＯＥＭ企業が中国の輸出貢献企業ランキングの上位を独占しています。これはまさに、中国大陸と台湾の共生の見本ともいうべき姿です。

「垂直統合」――日本の得意なモノづくり形態

さてこの時代、日本が得意としたモノづくりはどのような構造になっていたかというと、ほとんどの成功企業（製造業）は、いわゆる「垂直統合型」の企業構造をしていました。

垂直統合とは、自社でアイデアを出し（商品企画）、自社で設計し、自社でデザインし、自社で主要デバイスをつくり、自社でソフトをつくり、自社で組み立てを行い、自社で販売をするという構造です。つまり垂直統合とは、すべてのことを自社で行うことによってその利益を最大化しようという意図を持った形態です。

この形態のメリットは極めて明快です。そのすべての段階で利益を出すことができますし、

垂直統合モデル

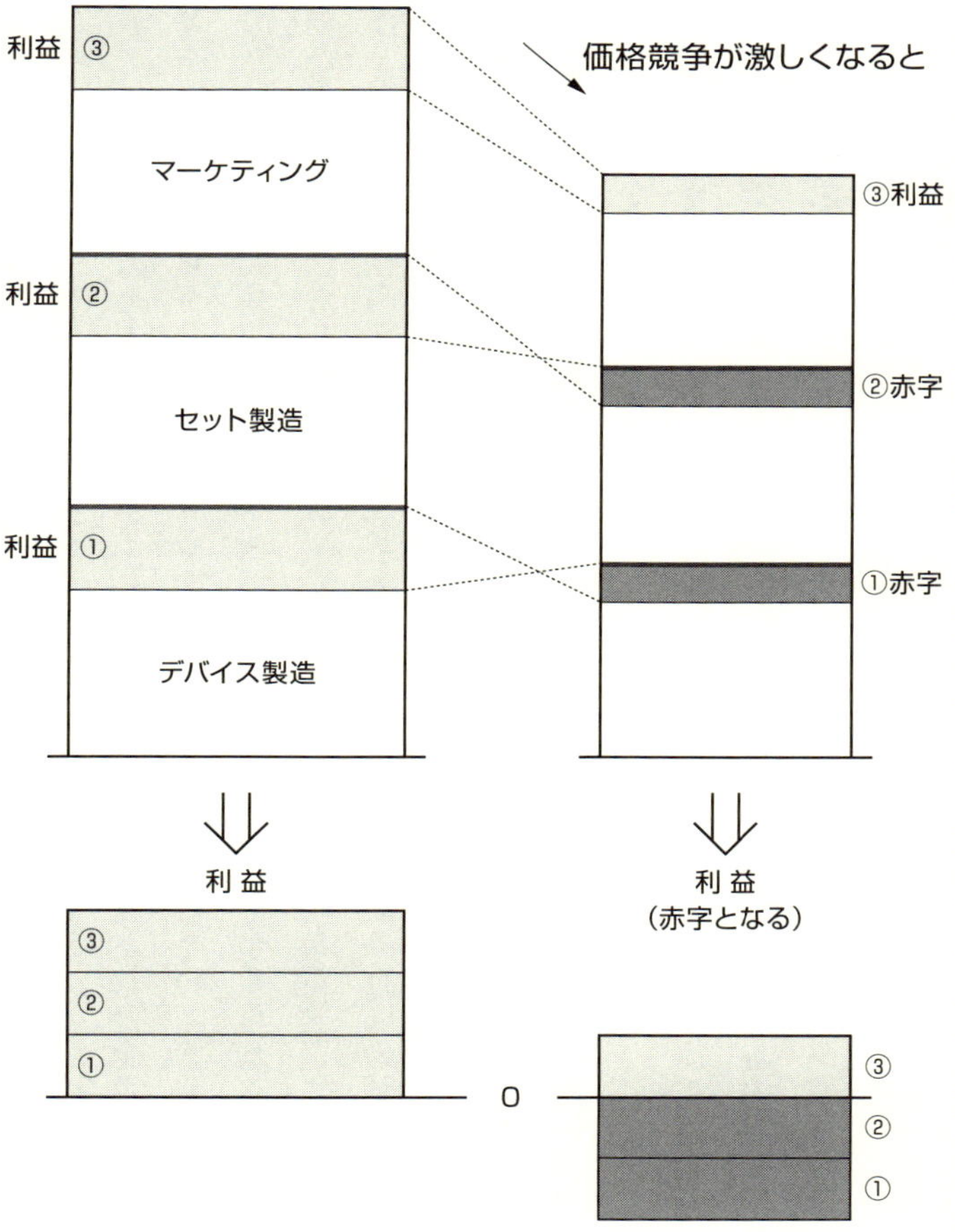

販売で利益を出しても、デバイス製造とセット製造で
利益がマイナスとなる。

良い技術があればそれを自社の中にいつまでも温存することができます。企業は本質的にわがままですから、自社内ですべてのコミュニケーションができるということになれば、このうえなく便利です。創業者の考え方や企業の理念、製造哲学などの確立された企業の多い日本では、このような体制が一番なじみやすいマネージメントスタイルであるといえます。

また、消費者の側も、製品のパーツのすべてが一つの会社の中でつくられる商品に、品質の高さや信頼性を寄せるという傾向もあったようです。現に私もだいぶ以前のことですが、「ソニーはすべての部品を自社内でつくっているので性能が良い」という世間の話をよく耳にしました。

この垂直統合モデルは、自動車産業では「系列」という形で顕著に現われます。系列の中で、一つの思想と一つのルールを基礎として、メーカーを頂上に置いた強力な企業連合あるいは下請けピラミッド構造ができ上がりました。

それは企業側にとって、これ以上ない「自社技術の確実な保全の体系」となったのです。垂直統合の代名詞でもあるトヨタのカンバン方式は、製造のリードタイムの短縮や製品在庫の圧縮などの面で極限までの効率化を可能にし、消費者にとっても安心の品質を保証してくれる信頼のシステムとなったのです。

しかし、少し部品製造などのことを知っている人でしたら、自社ですべての部品をつくるから性能が良いというのはまったく根拠のない話であり、部品などはむしろ大量生産をすることによってコストはもちろんのこと、品質も安定することを知っているはずです。

ことコスト面に限っても、次の項で述べるように、カンバン方式といえども、中国での大量生産にはかなわなくなったのが現実であり、最近はカンバン方式という言葉も色あせ、死語になってしまった観があります。

日本的垂直統合製造モデルの崩壊と「水平分業型モデル」の登場

こうした日本の誇る製造モデルは、21世紀を境に大きく崩される事態になりました。

その理由は大きく分けて二つあります。

一つは産業のさらなる「グローバル化」が進んだこと、もう一つは世界の生産拠点としての中国の台頭です。

ここでいうグローバル化とは、情報伝達や輸送手段の一段のスピードアップにより、需要が世界同時多発的に発生し、商品供給も急速かつ大量に行われなければならなくなった状況を指します。

こうした時代にあっては、原材料や部品は世界レベルでの大量買い付けでコストを下げ、同時に品質の安定も図れるような新しい地球規模の取り組みが必要となってきたのです。それが端的に現われたのが自動車業界であり、90年代後半から現在にいたるまで業界の再編成が進み、最終的には世界に4、5社しか残らなくなるといわれています。

もう一つの理由である中国の台頭ですが、中国の生産設備はその対象を世界市場においており、世界中にモノを供給することを前提に投資されています。これに中国国内の需要予想もプラスされるので、ある一つの品種をつくるにしても、巨大な生産規模になります。それに加えて、当然のことながら、安くて豊富な労働力や原材料費という要素が加わり、大量生産による大幅なコストダウンが可能になりました。

これだけでも、それまで日本企業が行ってきた東南アジアでの生産様式を吹き飛ばしてしまうインパクトがありますが、それだけではなく、こうした中国の生産モデルは前述のグローバル化と呼応して、商品や部品を世界中へ迅速かつ大量に供給できる体制をとることができるようになったのです。まさに「世界の工場・中国」と化したのです。

さらに特筆すべきは、中国の工場でつくられる部品やデバイスは特定のメーカーに納める目的でつくられるのではなく、世界のどのメーカーでも使える汎用品が多くつくられるようになったことです。

この生産形態が、垂直統合モデルに対比して、「水平分業型モデル」といわれるものです。つまり、基本的に中国でつくられる部品やデバイスを集めるだけで製品ができあがるシステムがこの時代に生み出されたのです。その典型的な商品が、パソコンであり、多くの家電製品だったのです。

パソコン製造がもたらした現実

ＩＴ革命の汎用商品であるパソコンは、すでに２００３年ぐらいの時点で、世界の生産量の7割方は中国で行われるようになっていました。ノート型パソコンで見ると中国生産はもっと顕著で、現在全世界で年間に生産されるノート型パソコンは約1億３０００万台ですが、おそらくその９割は中国生産（主に台湾メーカーによる）になっていると思われます。

パソコンに関してさらに付け加えるならば、部品やセットの生産のみならず、設計もほとんど中国で行われるようになっています。そして、生産されるパソコンはどのブランドも同じ工場でつくられているわけですから、結局はブランドを持っているセットメーカーにとっては、極端な話、どういうプロセッサーを使い、どんなスペック（仕様）にして、どの大きさのモニターにしてと、主要な項目を選ぶだけでセットのイメージができ上がり、コストもあらかたわかってしまうので、あとは外装のデザインだけを自分たちで決めるぐらいで商品ができ上がるのです。

こうした実態をどこまで消費者が理解して商品を買っているのかわかりませんが、これがパ

世界のノート型パソコンの生産台数の推移

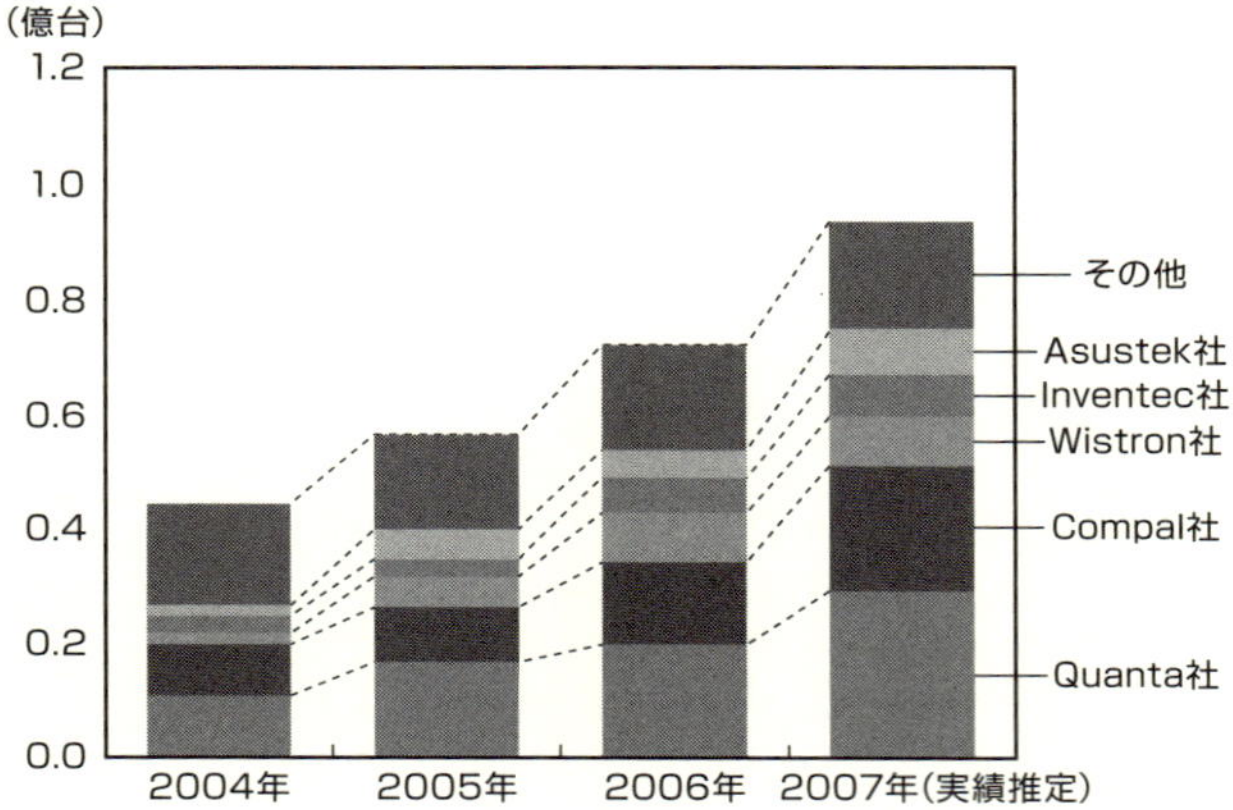

2000年〜2006年実績、2007年実績推定(日経マーケット・アクセス)

製造のほとんどすべてが台湾系中国企業。

ソコン生産の現実です。今大流行中の「iPhone」や「iPod」にしても、コンセプトは「アップル」がしっかりと築き上げたものですが、生産はもとより設計のかなりの部分は中国の台湾系企業で行われています。

私は中国にある台湾系の工場を訪れ、ソニーのノートパソコンの製造現場を視察したとき驚いたことがあります。

大きな工場内で一区画だけ隔離されたラインがあり、それがソニー用の製造ラインだと説明されました。工場側の人によれば、「ソニーのスペックは特別なので、ラインをほかとは別にして外部の目に触れさせないでほしい」というのがソニー側の要求だったそうです。

しかし、この工場全体の生産量からみれば、ソニーのノートパソコンの年間生産量は全体の数日分にしかすぎません。わずかな数量です。大量生産でコストを最大限下げることを目的とした工場で、わざわざ小さなラインをつくらせ、コストを上げることにどれだけの意味があったのでしょうか。

パソコンは私たちにとっては欠かすことのできないもので、しかも日進月歩の発展を続けている商品ですが、同時に究極のコモディティー化商品でもあるのです。「コモディティー化」とは、誰がつくってもほぼ同じような性能や機能を持たせられる、というほどの意味です。ほとんどのメーカーが同じような部品・デバイスを使って組み立てることができ、そのコストは大量生産によって限りなく落とすことができます。表現は悪いですが、今のパソコンは誰がつくっても「五十歩百歩」、どのブランドでも「大同小異」ということになります。

パソコンと並ぶ水平分業の落とし子が、携帯音楽プレーヤーである「ＭＰ３プレーヤー」や「携帯電話」といったデジタル機器です。ＭＰ３プレーヤーは中国の国内市場での広がりは日本よりも早く、２０００年ごろ、まだ日本ではＭＤ（ミニディスク）プレーヤーが主流だった時代に、中国の携帯音楽端末市場はすでにＭＰ３プレーヤーに移行していました。当時電気店に行けば、常に３００種類ぐらいのＭＰ３プレーヤーが店頭で売られていました。

同様に携帯電話も、ノキアやサムスンという大手メーカーの製品のほかに無名の中国の携帯端末会社のものも含めて、常時９００種類もの商品が市場で売られているという状況でした。

消費者はこのモデルの多さには困惑しますが、ビジネスチャンスのあるところには誰でも簡単に参入できてしまうというのが、この水平分業のもたらした成果でもあり怖さでもあるのです。今ではこの水平分業は液晶テレビなどでも常識となっており、たとえばアメリカ市場でサムスンに次ぐシェアを誇る「ビジオ」というブランドなどはその典型で、まさにある日突然というイメージで台頭してきたブランドです。

水平分業は、マーケティングの力とアイデアさえあれば、大変に軽い組織の会社が急速に大きなシェアを取ることも可能にしたのです。アメリカのような巨大な市場で年間百万台を超える数量のテレビを売る会社が、技術センターや工場などのインフラも持たずに一夜にして誕生することも可能になったのです。

そうはいっても、多少は品質の違いやサービスの良し悪しもあるだろうと考える消費者もいるでしょうが、有名ブランドと同じようなパネルを使い、同じような機能を持ち、しかも値段がソニーの半分となれば、心を動かされる消費者がいるのは当然です。これがまさに商品のコモディティー化がもたらすマーケットの変化です。

これで困ったのがメーカーです。導入当時どんなに優れた技術であっても、ひとたび商品が中国で生産されるようになると、数カ月から数年でコモディティー化されてしまうという厳しい課題を常に抱えるようになったからです。

水平分業モデル

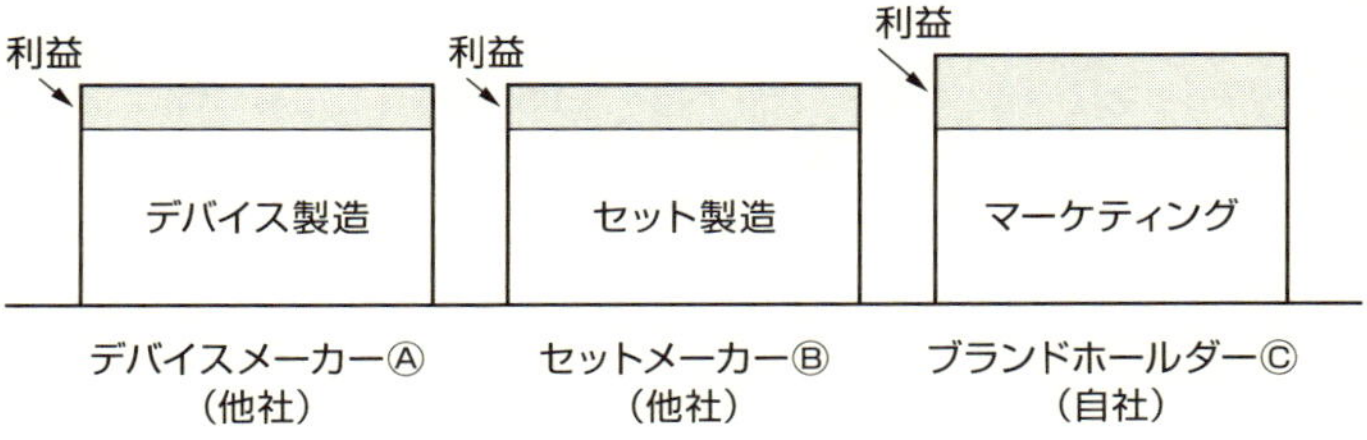

デバイスメーカーとセットメーカーは利益率は低くとも大量生産で何とか利益を生み出す。
ブランドホールダーであるメーカーは販売のみでも利益を出せる。

私たちはこの現実をどう見るべきなのでしょうか。

日本の会社だけが中国生産をやめ、技術をひたすら日本に封じ込める技術鎖国を行うのが解決策なのでしょうか。いえ、答えは自明です。日本は中国の先を行く技術とアイデアをさらに磨くしかないのです。いったんコモディティー化した商品は、それはそれと割り切って、中国の設計や製品開発・製造をうまく使うことを考えるべきです。

ビジネスの究極は安く仕入れて（つくって）、高く売ることです。自らの製造でコストを抑えてつくることができるなら自身でつくればいいし、採算が合わなくなれば、安くつくってくれる工場の力を利用する。高く売るためにはマーケティングで商品の価値を高め、あるいはブランディングで企業のブランド価値を高めることです。

とはいっても、他社に商品をつくらせるのには自社生産にはないリスクも発生します。その一つは、品質を保持できるかという課題であり、もう一つは、必要なときに必要な数量をそろえることができるのか、つまりは「サプライチェーン」の問題です。

特に中国におけるOEM製造では、これらの課題は過去から現在にいたるまで常につきまとってきた問題で、これらをうまくコントロールできなかったために、中国生産を諦めたり、中国の製造業に対して悪い印象を持ってしまった日本企業も多いと思います。

この二つの課題に対する答えは、実は簡単です。「よくウォッチし、自分たちで管理し、人を教育すること」です。それが取引相手の工場であってもです。

品質維持には、納入される部品の立ち入り検査や完成品の最終検査への立ち合いなどが重要ですが、それをさせてくれない相手とは組まない覚悟が必要です。

サプライチェーンに関しては、常日頃からその重要性を教え込むしか方法はありません。日本企業との取引の長い中国の業者は大変しっかりしていますが、最初からそうだったわけではなく、どの会社も時間をかけて学びとったものなのです。

ですから私は、なんでも海外のOEM工場へ生産を持っていけばよいと言っているのではなく、海外の会社をうまく利用する術を身につけましょうということです。

収益を生む水平分業

水平分業はさらに収益面でもメーカーに大きな変化を与えています。前述したように日本型生産モデルでは、デバイスの生産やセットの生産の部分でも利益をメーカーに落としてきました。しかし、生産工場の中国シフトが進んだ90年代半ば以降、日本の生産は自社の海外工場による生産から、現地企業へのＯＥＭ（中国工場側から見ると、他社ブランドの代理製造）に移行しました。

その理由は、大まかにいって二つあります。

一つには自社で使う量の部品生産を自社で行っても、より大量の部品生産を行う他社工場にはコスト面でかなわないこと。

もう一つは、日本企業の労務管理のスタンダードでは、そもそもコスト的に中国企業には太刀打ちできないことです。

完成品の価格はマーケットで抑えられています。それに見合うコストで部品をつくろうとすると、自社生産では利益が出ないどころか赤字になってしまいます。それに加えて自社独自のデバイスの開発さえも、その規模の小ささゆえ、次第にコスト競争力を失い、これも他社から買うほうが安いという状況に移り、しまいには、最終セットの組み立て自体も、自社で行うとかえって損失が出るという事態にまでなったのです。

そのうち、設計にいたるまで外部で行ったほうがコストも安くスピードも早いということになり、水平分業の行きつく先はＯＤＭ（相手先設計・製造）となり、その結果、ブランドメーカーの利益はマーケティングと販売段階だけということになってしまいました。

しかし、この水平分業製造モデルは別に新しいモデルではありません。

特に欧米ではすでに半世紀も前から行われていたものであり、ソニー創業者の盛田昭夫さんが最初にアメリカにトランジスタージオを売り込みに行った際に、交渉相手から「あなたの会社の名前はアメリカ人の誰も知らないから、うちの会社のブランドで売らないか」と言われた話は有名です。盛田さんは憮然《ぶぜん》として断ったそうですが、あれも一種のＯＤＭのオファーでした。

さらに私自身も以前、高級デザインで知られた「Ｂ＆Ｏ」(Bang & Olufsen社）のデンマーク本社を訪ねたとき、このＢ＆Ｏという会社が自分で設計・製造をしていないばかりか、最大の売りであるデザインさえも外部のデザイン会社にやらせているＯＤＭ依存会社であったことに驚かされました。

それでいて彼らのつくるテレビやオーディオは、ソニーの同じ種類の機種に比べて倍ぐらいの価格で売られており、世界中のお金持ちやマニアがこの「Ｂ＆Ｏ」の製品を欲しがるのです。

そういえば自動車でも、欧州では、フェラーリやアルファロメオの車のデザインをしている「ピニンファリナ」のようなデザイン会社がすでに１９３０年代から存在していますので、これはまったく普通のことなのだと理解すべきなのでしょう。

問題は、日本ではこのＯＤＭに対して抵抗が強いということです。私のいたソニーでも、垂直統合型か水平分業型かという議論は数多く交わされてきましたが、特にエンジニアの人たちには当然のことながら、垂直統合的な考え方の人が多いように見受けられました。

しかしこれは、いちがいにどちらが良いというような問題ではないでしょう。考え方の整理が必要です。垂直統合型はそのコアの技術が守られ、誰からも壊されなければそれにこしたことはありません。それが可能かどうかは、その商品あるいはビジネスモデルへの他社の参入が容易なのか、それとも障壁が高いのかによって決まります。

たとえば、ソニーのプレイステーションやニンテンドーのゲームはパテントやフォーマットで守られていますし、インテルのマイクロプロセッサーは高い技術をブラックボックス化することで守られており、各種ＯＳやビジネスソフトやゲームソフトのように、ソースコードで守られているものもあります。これらは、自ずと参入障壁が高いわけですから、ＯＤＭの必要性などまったくありません。

逆に、こうした特殊な技術や商品を除けば、すべて水平分業化されて当然ですので、ＯＤＭ

メーカーの力を利用することは避けて通れないどころか、上手く利用すれば容易に利益につながります。

しかし問題は、日本の企業は他人や他社を使うことが実に下手なことです。よくいわれるコミュニケーション能力の不足です。ここが日本企業の抱える大きな問題であり、国際化の遅れや国際交渉力の貧困さがもろに現われるところでもあるのです。

見習うべきはアメリカの知恵とコミュニケーション力

アメリカのパソコンメーカー「デル」は、創業時から自社でパソコンをつくったことがありません。ソニーも「ＶＡＩＯ」ブランドのパソコンを売り出す前は、デルのパソコンのＯＥＭ生産をしていました。関係者によると、デルの要求は大変厳しいもので、このＯＥＭによってソニーの技術陣は鍛えられて強くなったのです。

ところが、デルが台湾や中国へ生産をシフトすることになり、せっかく鍛えられた技術やノウハウがそれきりになってしまうのはもったいないということで、パソコンの自社開発が提案され、ＶＡＩＯというパソコンが生まれたのです。

この事実が示すように、欧米の会社は自分たちがつくることはできなくとも、相手に厳しい製作基準やコスト低減の要求を突きつけて、自分たちにとって最適なものを「つくらせる」能力を持っているのです。

アメリカ企業のこうした身勝手ともいえる振る舞いは枚挙にいとまがありません。たとえば、30年以上も前の話になりますが、私が以前勤めていたことのあるＧＭ（ゼネラルモーターズ）では、当時ＧＭが26パーセントの株式を持っていた「いすゞ自動車」のトラックを、全世界のＧＭの販売網に乗せて売っていました。

ビジネスですから当然、不良在庫や不稼働在庫などが出ますが、ＧＭはそれが自分たちのオーダーから発生した在庫であっても、車を製造したいすゞ自動車にすべての処分費用を持たせたのです。そのやり方は問答無用であり、いくら当時全盛を誇った企業といえどもここまで好き放題をやるのかと呆れました。

しかし、かつて中国の開放政策を推し進めた鄧小平がいみじくも言った言葉、「アメリカと仲良くした国は、日本のようにみんな豊かになっている」は、真実です。日本もアメリカに鍛えられて賢くなり、豊かにもなったのです。憤《いきどお》りは抑えて、こちらも、したたかにアメリカのいいとこどりをするしかありません。

日本のメーカーは身内や協力会社に対しては強いことを言い、影響力をフルに発揮するのですが、外に対しては実に外交もコミュニケーションも下手で、典型的な内弁慶です。日本がこれから乗り越えなければならない壁です。

とはいえ実のところ、他人にモノをつくらせるのはそう容易なことではありません。相手に自分の考えを理解させるためには、考え方を整理し、ロジカルに、数字をもって、期待する結果を的確に伝えなければなりません。明確な完成イメージが不可欠です。このコミュニケーション能力を身につけなければ、日本人が海外での生産をうまく利用することはかなり難しいでしょう。日本の大学や企業は、こうしたコミュニケーション力の強化を真剣に考えてほしいところです。

「モノをつくらせる国」に

水平分業の形態は多くの分野でどんどん広がっています。たとえば自動車産業なども電気自動車の出現で水平分業がやりやすくなったといわれていますし、逆に水平分業化できない業種を探すのが難しいぐらいでしょう。ですから日本も、これからは自分でモノづくりをするのではなく、モノは「つくらせる」ようにするべきです。つまり、「モノづくり国家」ではなくて、「モノをつくらせる国」にならなければいけないのです。

そうすれば日本がこれまで築き上げてきたブランド力を生かし、同じコストのものでもより高く売ることも可能になり、他国の企業よりも大きな収益を上げる可能性も出てきます。そこで必要なのが、マーケティングの力とブランディングの能力です。日本の企業もこの二つに大きな投資を行うことによって、コモディティー化した商品に付加価値を与えることを考えるべきです。

ちなみに、マーケティングとは、商品の持つ魅力を存分に顧客に伝え、その商品価値を極大化することです。一方、ブランディングとは、ひと言でいうと企業のブランド価値を高めることです。顧客にその企業の商品を保有することに対する安心感を抱かせ、さらには、そのブランドを持つことで、その人のライフスタイルまでもが向上するような気持ちにさせる。商品そのものの持つ機能やデザインでの差別化も重要ですが、このマーケティングとブランディングによる商品の差別化も、企業に高利潤をもたらします。

さらに、企業のブランド価値は商品の優劣だけでなく、企業の業績などによっても高められます。業績は悪いがブランド価値だけは常に高いというような会社はありません。

家電の世界では、今や韓国のサムスンやＬＧが世界中で日本ブランドを打ち負かし、特にサムスンは売り上げでソニーやパナソニックの一・五倍（２００９年）であり、時価総額ではソニーとパナソニックをたしたよりも大きな額であり、利益にいたっては比較にもならないほど日本企業は水をあけられています。

かつて韓国メーカーの強みは価格だけであり、品質もデザインも正直いって「いただけない」ものでしたが、今や品質は高度な大量生産によって安定し、デザインは日本に学び日本を追い越した部分もあり、加えてコストの低さがあるのですから、この数字は当然といえば当然です。「良いものを安く買いたい」という消費者心理を的確に捉えた当然の帰結です。

こうした状況に、日本のメーカーはどう対応していくのか。答えは二つしかありません。一つには、商品がいかに真似されようがコモディティー化されようが、日本は新しい技術やビジネスモデルを追求し続けること。

そしてもう一つは、国際水平分業を最大限に利用して「モノつくらせ」を行い、コストを下げ、その結果として上がった利益でマーケティング投資を行って、新たな付加価値を取りにいくことです。

日本の企業がこの二つのことを実現するためには、今以上に身を軽くする必要があるかもしれません。その際、最大のネックとなるのは過去の設備投資の償却という問題でしょう。その上でさらに、これまで日本型垂直統合モデルを追求するためにつくってきた大きな組織や重たい人員を減らす努力はやはり必要で、ここが一つの試練とはなりますが、それでも前に進まなければなりません。でないと、「俺たちに明日はない」のです。

常勝サムスンの死角

ところで、常勝サムスンも、実は未来はそう明るいわけでもないのです。サムスンは、新

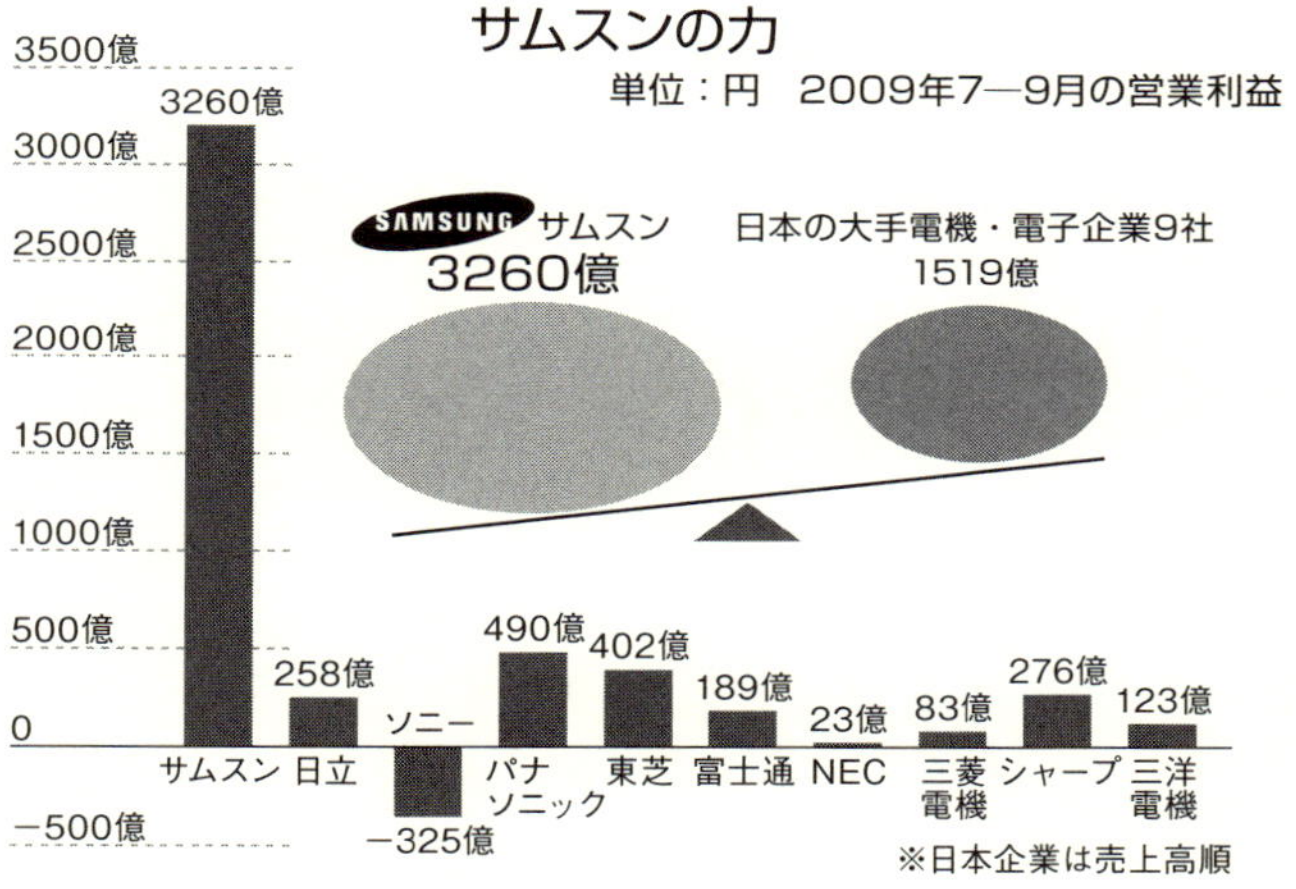

出典：「中央日報」（韓国）09年11月2日

日本の全家電メーカーを合せても、サムスンの利益に及ばない。

しいデバイスや新市場に対するマーケティングへの思い切った投資、そして即断即決のマネージメントスタイルには優れたものがありますが、製造体系としては意外に日本型の垂直統合に近く、世界各地に自社工場を構えています。

　これまではウォン安や製造コスト安（対日本）が強いアドバンテージとなっていましたが、今後彼らの競合する相手が日本メーカーから中国メーカーやインドの地場メーカーとなったときに、今までのアドバンテージはすべて吹っ飛んでしまい、現在の日本と同じ苦しみを味わうことになると予想するのは難しくありません。自社工場に対する大きな投資は固定費の肥大化につながり、今日のアセット（資産）が明日のデット（負債）にいつ変

サムスンの業績

2004～2009年部門別連結売上高および営業利益（単位:兆ウォン）

<table>
<tr><th colspan="2"></th><th>2004</th><th>2005</th><th>2006</th><th>2007</th><th>2008</th><th>2009</th></tr>
<tr><td rowspan="6">売上高</td><td>半導体</td><td>21.72</td><td>20.33</td><td>20.71</td><td>22.33</td><td>22.35</td><td>26.85（2兆1,480億円）</td></tr>
<tr><td>LCD</td><td>9.09</td><td>8.72</td><td>10.94</td><td>17.06</td><td>21.52</td><td>22.28（1兆7,824億円）</td></tr>
<tr><td>通信</td><td>20.73</td><td>20.91</td><td>20.25</td><td>26.69</td><td>34.57</td><td>42.09（3兆3,672億円）</td></tr>
<tr><td>DM</td><td>17.69</td><td>17.66</td><td>20.73</td><td rowspan="2">30.52</td><td rowspan="2">42.19</td><td rowspan="2">48.89（3兆9,112億円）</td></tr>
<tr><td>生活家電</td><td>5.39</td><td>5.62</td><td>5.53</td></tr>
<tr><td>計</td><td>81.96</td><td>80.63</td><td>85.43</td><td>98.51</td><td>121.29</td><td>136.29（10兆9,032億円）</td></tr>
<tr><td rowspan="6">営業利益</td><td>半導体</td><td>7.77</td><td>5.41</td><td>5.15</td><td>2.35</td><td>0.00</td><td>2.42（1,936億円）</td></tr>
<tr><td>LCD</td><td>1.90</td><td>0.60</td><td>0.84</td><td>2.12</td><td>2.35</td><td>1.38（1,104億円）</td></tr>
<tr><td>通信</td><td>3.10</td><td>2.48</td><td>1.98</td><td>2.89</td><td>2.98</td><td>4.13（3,304億円）</td></tr>
<tr><td>DM</td><td>0.44</td><td>0.25</td><td>0.58</td><td rowspan="2">1.09</td><td rowspan="2">0.40</td><td rowspan="2">2.85（2,280億円）</td></tr>
<tr><td>生活家電</td><td>0.02</td><td>-0.03</td><td>-0.11</td></tr>
<tr><td>計</td><td>11.76</td><td>7.58</td><td>9.01</td><td>8.97</td><td>6.03</td><td>10.92（8,736億円）</td></tr>
</table>

（2004年～2008年連結監査報告書基準、金融を含む／2009年実績発表基準、金融を含まず）
（出典：日本サムスン）　（2009年度のみ円換算レート1won＝0.08円）

わるかわからないのです。

　そのようなサムスンにとって近い将来脅威となるのは、中国型の水平分業をうまく利用して、軽い固定費で大きなビジネスに挑戦してくる企業です。それが日本の企業なのかアメリカの企業なのか中国の企業なのか、それはまだわかりませんが、ごく短期間のうちにオセロ式に市場がガラリと塗り替えられてしまう危険性をはらんでいるのは間違いのないところです。

　最近になって李健熙《イ・ゴンヒ》氏がサムスンの会長に返り咲きましたが、彼はまさにこの点に懸念を持ったものと思われます。彼の会長復帰は、サムスンの次の照準を日本企業から台湾・中国企業に移し変えなければならないという危機意識の表れだとされています。

さすがサムスン、動きが早い。

中国企業による外国企業買収

サムスンの危うさを指摘したところで、中国企業の危うさについてもちょっと触れておきます。

中国の対外投資は資源関連の投資が圧倒的に大きいのですが、一般企業、それも有名ブランド企業の買収もいくつかあります。

その中でもよく知られているのが、２００５年初頭のレノボ社（聯想集団）によるＩＢＭのパソコン部門の買収です。約１３００億円の投資と５００億円の負債の引き受けを条件にＩＢＭの赤字部門であったパソコン部門を買い取り、Thinkpadブランドの５年間の使用権を手に入れました。レノボはもともと中国最大のパソコンメーカーですから、中国国内においては、この買収によりさらにその地位を盤石にしたといえるかもしれませんが、その後、海外でのThinkpadのビジネスがどうなったのか、あまりニュースも入ってこない状況です。

一つだけいえることは、買収当時からこの金額が高すぎると噂されたことです。ＩＢＭは当時会社のお荷物になっていた赤字部門をこの金額で売り渡したのですから、大変うまいディール（取引）をしたといえるでしょう。

いずれにしても、このIBMに代表されるアメリカ企業の変わり身の早さは見習うべきです。日本の企業は、老舗《しにせ》になればなるほど、既存の事業領域から抜け出すことが難しくなり、あくまでも頑張るが故に怪我を大きくしてしまうことが多々あります。

最近（2010年3月）の大型買収案件としては、吉利汽車（ジーリー）によるフォード傘下のボルボ（スウェーデン）の買収があります。吉利は中国の三大民営自動車会社の一つで、買収に要した1800億円余りの投資は政府系金融機関の助けを借りる形で実現しています。

中国では、いわゆる大衆車のカテゴリーでは純中国ブランドの車が多くつくられるようになりましたが、中・高級車の部類では外国ブランドに対抗できるものはまだつくれていません。そこでボルボの買収に政府も力を貸したわけですが、この案件の成功・不成功も、今後の中国の対外投資を占う意味ではよくウォッチする必要があります。

パソコンと違い、自動車の場合は世界のいろいろな地域でつくられますから、中国の会社の傘下に入っても、製造面のメリットは考えにくいのです。それに、もともと経営状態のあまり芳《かんば》しくない会社を引き継ぐわけですから、大胆な施策を新たに打たなければ状況の劇的変化は期待できないでしょう。彼らに何か秘策があるのでしょうか。吉利にとっても、中国政府にとっても、これは一つの賭けになるかもしれません。

同様のケースはイギリスのメーカーの「ジャガー」でもありました。こちらは2008年にフォードからインドの「タタ・グループ」に売却されたものです。そのだいぶ前、まだジャガーが独立したイギリスの会社であった頃は、ジャガーは大変故障の多い車ということで有名でした。私も短期間、イギリス滞在中に乗っていたことがありますが、イギリス人の誰もが「お前の車はまだ動いてるか」と挨拶代わりに聞かれるぐらいでした。

しかし、フォードに買収されてからは、フォードによる部品の共通購買の中にジャガーも入り、それ以来、車の信頼性が劇的に改善したとのことです。たぶんボルボも同時期にフォード傘下に入ったので同じような改善があったものと思われます。

しかし、このフォードグループ入りもジャガーのエンジニアにとっては大変面白くないものだったようです。車のエンジニアだったら誰しも、そのすべての部品を自分たちがデザインして自分たちでつくりたいと思います。他社のつくった汎用部品を使うことには相当の抵抗があったのでしょう。フォードの立場、あるいは経営者の立場で考えれば、部品の共通化は、コストの削減と品質の安定のためには、今や欠かすことのできないものですが、それはときに、エンジニアの夢とは大きく食い違うこともあるようです。

ジャガーのエンジニアは、ジャガーがフォードグループから離れ、インドのタタ・グループ傘下に入ることを歓迎したという話もあります。それが本当なら、彼らは、これでフォードの部品を買わずに自分たちのデザインした部品が使えると考えたのでしょう。しかしそれでは、ユーザーはまた品質の心配をしなければならなくなります。同じことが、吉利汽車が買収したボルボにも起こらないとも限りません。

華やかな国際的なM&Aにも、光と影の部分があるのです。

メイド・イン・ジャパンの幻想

エンジニアリングの分野では、日本は20世紀後半には世界一になっていました。生産量もさることながら、その卓越した技術と経済性で、いわゆる安くて良い商品といえば日本の独壇場であり、世界の誰もがそれを疑うことはありませんでした。自動車、造船、電機からカメラや文房具まで、世界中の人たちが良い製品を欲しいと思ったときには、日本でつくること、日本の会社に設計・製造を依頼することを考えました。

とはいっても、基礎研究や新技術の分野となると、日本はアメリカに比べてその投資額やパテントの取得数ではとうてい追いつかないのも事実です。日本の強みは応用技術であり、徹底したプロセス重視の製造による品質の良さにありました。日本の良さ・強さはアイデアを形にする能力と品質に妥協をしない精神にあったと思います。

私の家電業界での経験からいうと、応用技術という点でいえば、トランジスターをラジオという形にしたのはソニーでした。アイデアという点でいえば、オーディオを家の外へ持ち出し、スピーカーを通さずにヘッドフォンを通して音楽を聴くというコンセプトの「ウォークマン」をつくったのもソニーでした。

ただし、ウォークマンには後に生まれたCDやDVDなどのような革新的な技術が使われているわけではありません。いわばカセットデッキやラジカセのメカデッキの部分だけを取り出したものです。これぞアイデア商品の極致といえる商品です。

一方、製造については私が述べるまでもなく、日本は世界に新しいスタンダードを提供しました。徹底した省力化、効率化、カイゼン運動などなど、日本は製造面においては経営者のみならず生産ラインに働く人々からも知恵を集め、たゆまぬ努力をして世界に誇る良質の商品をつくる態勢をつくってきました。

それは90年代に入り、製造現場が東南アジアなどにシフトされてからも続けられました。労働力の割高な日本でつくっても東南アジアに負けないコストをひねり出さなければならないとの意識から、製造ラインを極力短くすることから始め、それこそゴミ箱の位置まで改め、人手と工程数を最小限にするとか、多品種少量生産のためのセル方式（一人屋台生産方式）を導入するなど、懸命な生産革新が行われました。結果として、世界には「メイド・イン・ジャパン」信仰が広く行きわたることになったのです。

私が中近東のビジネスを担当していた1980年代、かの地でもその信仰は非常に強く、こと電気製品に関する限り「メイド・イン・コリア」や「メイド・イン・マレーシア」はいうに及ばず、アメリカやドイツ生産のものでも敬遠されました。ある時期ソニーが、一番売れ筋のカラーテレビを日本生産からドイツ生産に切り替えたところ、市場からの評判はまったくひどいもので、「にせもの」との評判までたてられ、同じソニー商品でありながら、日本製とドイツ製では一割以上も売値が違うといった現象も起こりました。

一方で、欧米市場は、消費者は生産国などまったく気にもとめない状況にすでになっていました。いくら世界が小さくなっても、消費者心理は国によって大きく異なることを実感させられた出来事でした。

しかし、日本生産に強くこだわっていたのは中東の消費者だけでなく、実は日本のエンジニアだったのかもしれません。一般的に高付加価値モデルや新しい商品をつくるときはまず日本で生産を行い、慣れたところで海外生産に移すというのが日本流の考え方ですが、もうこの時期、ほとんどの外国パソコンメーカーなどは最初から中国生産ですし、アップルなども例外ではなく、生産のみならず設計もかなりの部分を中国で行っています。

なのに、どうして日本のエンジニアは日本生産にこだわるのでしょうか。

いえ、消費者もそうです。メイド・イン・ジャパン信仰は日本の消費者心理にまだまだ残っています。「日本製だから高くて当たり前」と思っている人がいかに多いことでしょう。あるいはその逆に、「高いモノは日本製」でなくてはダメだと思っている人もいます。そういう消費者のモノに対する感覚が日本のガラパゴス化をよりいっそう後押ししたともいえます。

製造王国日本。それは古き良き時代へのノスタルジーにすぎず、そんな時代は確実に去りました。もはやそれは日本人だけの幻想です。生産にこだわる日本人の血の出るような努力――それはそれで素晴らしいことだったのですが、この努力こそが結果として日本をいつまでも製造にこだわらせているのです。そのデメリットに日本人は早く気づかないといけません。

プロセス重視と結果重視

日本はプロセス重視の国だと先に述べましたが、やはり国によってエンジニアの考え方の違いはあるようです。

ソニーは90年代、ドイツとイギリスでテレビの生産工場を稼働させていました。そこでよくいわれていたのは、同じテレビでもドイツ製は故障率が低く、イギリス製は故障率が高いということです。私はエンジニアではありませんのでその真の原因が何であるかは定かではありませんが、ドイツ人気質とイギリス人気質という観点から見ると、この評判は極めて自然な結果ではないかと思いました。

ドイツでは我々が八百屋さんに行き下手なドイツ語で「これをください」と言うと、八百屋のおばさんからドイツ語の誤りを指摘され、正しくはこうだと直されます。何を何個欲しいのかわかれば八百屋さんにとって語法や文法などどうでもよいようなものですが、それを正さずにいられないのがドイツ人気質なのでしょう。

一方、イギリス人はどうなのでしょう。

ある会議で日本人のエンジニアがけっして上手とはいえない英語で説明をしていました。その英語が非常にわかりにくいと私は感じたので、隣に座るイギリス人の技術担当に「彼の英語は理解できるか」と聞いたところ、「わからない」と答えます。「ではなぜ聞き直さないのか」と訊ねると、「外国人が一生懸命英語で説明しているのに、あなたの英語はわからないなどと失礼なことは言えない」と言うのです。

徹底的に間違いを正し、納得しなければ動かないドイツ人と、自分の理解よりも人の和を重視するイギリス人、この気質の違いが故障率の違いに出ても不思議ではない——私はそう思ったものです。

理詰めでしか動かないと思われるエンジニアにもそれぞれお国柄がある——私が欧州体験で得た発見の一つです。

さて、ドイツ同様、日本も大変なプロセス重視の国です。

私はソニー入社以来海外の仕事をしてきましたが、2000年から3年間だけソニーマーケティングという国内の販売会社の指揮を執らされました。そこには、毎日が驚きの連続といってもよいほど、あまりにも日本的な体質が残っていました。

ある新しいコンセプトの製品を世に出すにあたって、マーケティング本部は1万人体験キャンペーンを実施しました。キャンペーンも終盤に差しかかり、経過報告会の中で、担当の部長が、あと少しで1万人体験が達成しそうだと自慢げに話します。それは素晴らしいことですが、それでは今まで何台その商品が売れたのかと聞くと、部長は怪訝《けげん》な顔をして、「それは営業部が数字を持っています」と答えました。

彼に言わせれば、自分は1万人体験キャンペーンを完遂するのが仕事であり、売り上げの結果についてとやかく言われても困るということなのです。私はここで単純な疑問を抱きます。プロセスが正しければ、必ずよい結果がついてくるものなのでしょうか。

もう一つ。日本は80年代に半導体生産では圧倒的な優位を持ち、アメリカから輸入義務の協定まで押しつけられていましたが、数年と経たぬうちに韓国やアメリカの半導体メーカーに抜かれてしまいました。その原因は単なる為替の問題などではありません。半導体の製造過程において従来からのプロセスを踏襲する日本と、結果が同じならある部分のプロセスは省いてもよいと考える韓国・アメリカのメーカーの思想の違いが生産性の違いとなって出てきたのだといわれています。

米・韓は明らかに結果重視の思想が根づいており、また中国も、米・韓以上に結果主義の国なのです。

このことは、日本と中国の生産方式の違いにも現われています。

前述の「セル方式」は、できるだけ長い期間、製造を国内に留めたいと考える日本人が編みだした多品種少量生産に向いた製造方式ですが、この素晴らしい方式も中国ではほとんど採用されていません。その理由はいろいろあるでしょうが、最大の理由は、大量生産を旨《むね》とする中国では向いていないということでしょう。

セル方式は一人のオペレーターがかなりの作業工程を担当するので、あたかも一人で製品を組み立てて行くようにみえる生産方式です。自分にあてがわれた2、3個の部品を組み込む単純流れ作業に比べ、オペレーターが「つくる喜び」さえ感じられるような方式で、単に多機種少量生産というだけでなく、極めて人間的な生産方式です。

しかし、人件費の安い中国では、たくさんのオペレーターを使い、スピードを上げてベルトコンベヤーを流すほうが、よりコストを抑えられます。また、精密部品の工場では目にも止まらぬ速さで手作業が行われていますが、どこの精密部品工場に行ってもメガネをかけたオペレーターは見あたりません。それは、メガネをかけなければならなくなったオペレーターはもうそのラインの仕事には就けない、ということのようです。これも中国が一円でも安くものをつくるための方法論の一つであり、結果第一主義のもたらした産物かもしれません。

こうした非人間的ともいえる工場運営がいつまで続くのやら、やがて問題となることも確実でしょうが、そんな国と競争をしても勝てないこともまた明白です。

またしても鄧小平の言葉の引用になりますが、かの有名な「白い猫も黒い猫もネズミを捕る猫はよい猫だ」に見られるように、中国人の結果主義というか実利主義は、私も北京でいろいろな人と出会い、すぐに理解できました。

そこで私は、日本の販売会社の、あの極端なプロセス重視の考え方を変えるには私が一人一人を教育していたのではとうてい間に合わないと考え、会社のカルチャーそのものを変えるには、この実利主義の中国人に一緒に働いてもらうのがよいのではないかと考えました。同時に、社員のグローバル感覚も少しは養われるのではないかとも思ったのです。

２０００年当時、日本には中国人留学生の数が増え始めていましたし、中国本土でも日本語を学ぶ学生が多かったので、私は毎年10人の中国人を日本国内の販売会社で雇うことを決めました。私がこの10人の若い中国人たちに言ったことは、「あなたたちは顔も日本人と変わらないし、日本語もすぐ日本人と変わらないぐらいに上手になるでしょう。そうなっても、ものごとの考え方は日本人になってほしくない。あなたたちのミッションは日本の組織の中に新しい考え方を根づかせることにあるのだから」

ちょっと乱暴な方法ではあったかもしれませんが、日本の社員には国際化時代がいよいよ到来したという感慨と、世界には自分たちとはまったく違う考え方をする国民がいることを学んでくれたのではないかと思います。

中国は単なる製造国家ではない

台湾企業が中核であったとはいえ、中国での製造業の発展は当然のことながら中国国内の部品産業を興し、やがては人材を育てて設計やデザインの分野へも伸張していきます。21世紀を迎える頃になると、大学進学率も急激に上がり、大学格差も生まれました。精華大学、北京大学、上海交通大学などの名門校卒業者は、以前は外資系企業に好んで就職していたものが、次第に自国企業に入るようになり、エレクトロニクスの分野での台湾企業による独占状態から抜け出し、大陸企業の事業拡大の時代へと変化していったのです。

中国企業をとり巻く環境も大きく変わりました。これまでも述べてきたように各種パソコンやゲーム機、携帯電話端末の分野では世界の過半数の商品が中国でつくられるようになり、そこに集まる部品と技術情報も世界最先端のものが最大量集まるようになったのです。

そこで設計する人たちは常に世界の先進的な技術に触れ、彼らのまわりには最先端の半導体やマイクロプロセッサーがあるのですから、これほど理想的な環境はありません。

中国に模倣商品が多いというのは事実です。私などはその模倣技術の高さとスピードに常に驚かされたものです。これは、彼らが常に先端技術にさらされており、「似たもの」をつくることや、ブラックボックスの中身を解き明かすことがさほど難しくはない環境にいるからだと思われます。

何をいいたいのかというと、彼らの模倣能力を讃えようというのではなく、既存の技術を使って新しい機種をつくる場合は、中国のエンジニアリングパワーは十分以上に使えるのではないかということです。

日本のエンジニアは、この半世紀にわたって日本が育ててきた技術を世界に譲り渡すことはないと考えているかもしれませんが、今やほとんどの商品分野で中国設計は可能です。可能であるばかりでなく、生産現場を持ち、最新の技術とデバイスを手に入れた中国は、より先進的な商品を安く、早く設計することも可能にしました。

ですから、もはや、より汎用性の高い部品を使って設計される種類の商品は、日本あるいは日本人エンジニアに頼る必然性はないのです。中国を単なる生産拠点とだけ見ている会社が日本には多過ぎますが、中国の実力を正当に評価し、中国の持てる力をもっと利用するべきです。

ここで誤解してほしくないのですが、日本はエンジニアリングを捨てろといっているのではありません。中国の基礎研究ははなはだお粗末ですし、中国が世界をリードするようなまったく新しい技術を生み出すようになるまで、あと十数年はかかるでしょう。

クリエイティブな技術あるいは新しいコンセプトの商品に関しては日本はまだまだ先を行っていますし、何十年あとでも中国の先を歩いていなければなりません。ですから、すぐにコモディティー化してしまうような商品の設計などに、日本のコストの高いエンジニアのパワーを使うのはもったいないですし、経営的にもまったく非合理的な話です。

そうではなくて、それらの人材、能力や時間をクリエイティブなアイデアや新しい技術の開発に使うべきであるといいたいのです。日本の経営者もエンジニアも、今中国で、あるいは台湾・韓国の持つ技術力で何がつくれるかを実地に見て理解し、彼らに何をやってもらい、自分たちは日本で何をやるべきか考えるべきなのです。

自分たちが大事にしてきた技術立国日本の誇りと、「メイド・イン・ジャパン」でなければという日本純血主義が実は足かせとなって、新しい一歩を踏み出せていない。そのことを、もっと真剣に振りかえるときがやってきたのではないでしょうか。

技術は人の想像を超えて進歩する

私が大学を卒業し社会人になった70年代初頭は、今当たり前のように使われているパソコンや携帯電話はおろか、電卓さえもありませんでした。日本と海外との通信手段も手紙、電報が主で、その後テレックスが登場し、ファックス、そしてパソコンメール、携帯メールと移ってきたのです。

この間、半導体の集積度の向上による小型化やスピード化はめざましいものがありましたが、技術的なバックグラウンドのない人間でも将来の技術の進歩はある程度読めました。

たとえば、初めて卓上計算機が世の中に現われたときは今のファックスマシーンぐらいの大きさでしたが、その当時、技術を知らない我々でも「将来、計算機は名刺ぐらいの大きさになるんじゃないの」などと言っていたものです。

ところが、技術のわかっている人ほど「それは無理だ」と反論するのです。現実を知っている人は、その延長線でものを見るのでなかなか思い切った見方ができないのかもしれません。実際にはそれから5年もたたないうちにカード型電卓が世の中に現われ、しかもとてつもなく安い値段で手に入るようになりました。

私はソニーでも同じような経験を何度もしています。今では博物館の展示物のようになっていますが、１９７５年に初めて売り出された家庭用ビデオデッキのベータマックス、これが世の中に出たときの衝撃と感動は今でも忘れません。その後のＶＨＳとの競争の中でも、我々はベータのフォーマットとしての優位性を最大の武器として海外で売りまくりました。しかしその過程で、優位性といわれていたものが次々に破られていく現実にも直面することになったのです。

ビデオデッキは、最初は単に録画・再生をするだけの機械でしたが、やがて、今では当たり前になっていますが、ピクチャーサーチやスローモーションといった機能が加えられるようになります。ソニーは常にそのような新しい機能を盛り込んだ商品を世の中に出し、そのつど我々は、社のエンジニアから「この機能は構造的にＶＨＳでは難しい」と教えられ、それを金科玉条のごとく宣伝してきたのですが、半年も経つと、他社のＶＨＳ商品にも同じ機能がついて出てくるではありませんか。そんなことの繰り返しでした。

ブラウン管のテレビが液晶テレビやプラズマテレビに代わるときもそうでした。「この画質は液晶では出せない」と技術者は説明するのですが、１年も経たないうちに誰もそんな発言をしなくなります。

コストにしても同じことです。この技術はよいがコスト的に合わないといわれていたものが数年のうちに十分見合ったコストになるのです。今なら、ＬＥＤや太陽光発電、車載用リチウムイオンバッテリーなどがそうでしょう。

私はここで、エンジニアの言うことは信じられないと言いたいのではなく、技術の進歩はエンジニアの想像をも凌駕して進んでいくということを言いたいのです。その規模とスピードは、中国やインドの台頭で、今まで以上のインパクトを持ったものになってきました。そういう状況下で、日本の企業はいつまでも「価格競争には巻き込まれず技術で勝負する」などと悠長なことを言っていてはダメなのです。

今日の技術はすぐに陳腐化し、真似られ、コモディティー化されるのですから、世界的な激しい動きの中で勝負に勝つには、価格競争でも勝たなければならないのです。価格では太刀打ちできないなどと、ここでひるんでもらっては困ります。

モノがつくられる構造を理解すれば、日本企業であっても価格競争力のあるものを売ることは可能なのです。ビジネスの基本は安くつくって高く売ることですから、それがどう実現可能かを考えるだけで未来が開けてくるはずです。

今や技術の進歩は人間の考えを超えるスピードでやってきます、ですから10年先のビジネスを考えなければならない経営者は、現在の延長線上に自分の会社の将来像を置くのでは十分ではないのです。

どんな業界にあってもパラダイム（価値観）はシフトするのです。それが5年先か10年先かはわかりませんが、たとえばこう考えてみてはどうでしょう。今成功しているビジネスは必ず将来重荷になる。今大事にしている人材は将来必ずネックになる。今眠っている技術は、将来この会社の最大の財産となる。こうした「パラドックス」を一度立ち止まってじっくり考えてみれば、見えてくる明日もあるかもしれません。あなたがパラダイムシフトなど自分の会社や業界では起こり得ないと考えているなら、もうそれだけで経営者失格といえるでしょう。

小さな理想工場

ソニーの創業者、井深大さんの書いた「設立趣意書」はソニーに働く人間のみならず、日本の企業人・起業家にとってのバイブルのような存在になっています。その第1章に書かれているのが、次のフレーズです。

「真面目なる技術者の技能を、最高度に発揮せしむべき自由闊達にして愉快なる理想工場の建設」

「いたずらに規模の大を追わず、経営規模としてはむしろ小なるを望み……」

これが書かれたのは昭和21年、戦争の終わった翌年ですから、今とはまったく状況が違いますし、今やソニーは大企業です。

大量生産が基本の現代において、

「規模の大きさを問わずして世の中に便利で、使いやすくて、高性能で、信頼性があり、美しい商品」

などを市場へ出すことはできません。

私たちは、一方ではソニーという世界でも屈指のナンバーワン企業に勤めながら、他方ではこの趣意書に書かれている創業者の純粋な気持ちもよく理解できました。しかし、そのギャップの大きさ、すなわち理想の企業像と現実の企業像とのギャップにとまどっていました。今、同じようなギャップ意識を、日本の先進技術を持つ多くの会社の人たちが持っているのではないでしょうか。

企業が持つ先進性と理想像は、そこで働く誰もがもっと磨きあげたいと思っていますが、現実の企業の運営は「大量生産・コストダウン」の連立方程式で成り立っていて、そのギャップに悩んでいます。

そこで、「小さな理想工場」の「小さな」を「大きな」に変えてもよいのではないか、とも考えられますし、「工場」は、実際にはファブレス（自社工場を持たないオペレーション）になっている現実を考えると、「工場」を「企業」に置き換えることもできます。でも企業人として「理想」だけは捨てたくない。

そこで、私は今日の状況に合わせて、この趣意書に書かれている言葉をこう読み換えたいのです。

「企業は常に困難な状況を乗り越えることに意義を見出し、常に新しい技術とビジネスに挑戦し、協力企業との良好な関係の上に利益を築き、自由な発想と迅速な決断のみが企業の活路を導き出す」

これをより現実に即して方針化すると次のようになります。

すなわち、中国・台湾の特技とするところは、むしろその力を利用し、彼らの能力も最大限活用し、日本孤立主義から脱却することが「理想企業」への道であり、いたずらに大きな工場を持つことが優良企業の証でもなく、一番になることが安定をもたらすことでもない。

さて、皆さんはどう思われますか。

【第2章】

日本はなぜ置き去りにされたのか

GDPの金看板がなくなる

日本のGDP（国民総生産）が2010年の前半にも中国に抜かれようとしています。1968以来40年にわたって守ってきた日本の金看板「世界第2位のGDP」が引きずり降ろされようとしているのです。このことはメディアでもよく取り上げられ、街中でも語られる話題ではありますが、GDPに関していえば、「抜かれる」という表現ではすまない話です。

図に見るように我々の次の世代が定年を迎える頃（2050年ごろ）には日本のGDPは中国の十分の一、インドの六分の一、そしてメキシコやインドネシアにも抜かれるとするゴールドマン・サックスの予測があります。

もちろんこの予測通りに必ず世界が動くとは限りませんし、中国の統計の取り方に問題があるという人もいるでしょう。確かに中国やインドのGDPが現在の伸び率のまま、この先40年も持続的に成長するとは思えません。それについては後述しますが、さりとて多少の誤差があったとしても、大筋ではこのような世界経済の動きはよほどの大戦でもない限り変わるものではないでしょう。

日本そして日本人は第2次大戦後、世界の一等国になることを目指してひたすら努力をしてきました。そして一等国になったかどうかの証はGDPの大きさで測られたのです。その意味

2007年のGDP（単位：10億US$）

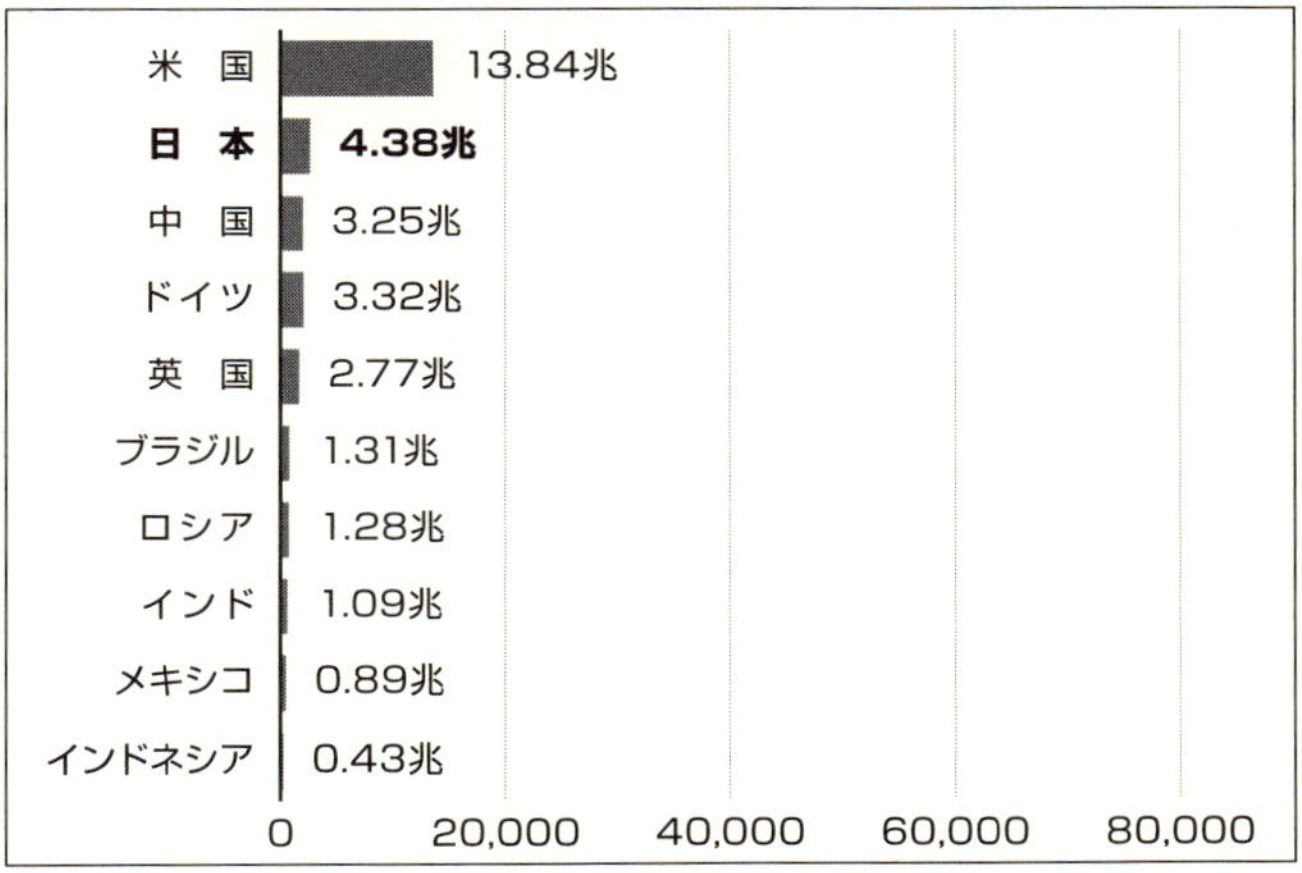

2050年のGDP（予想）（単位：10億US$）

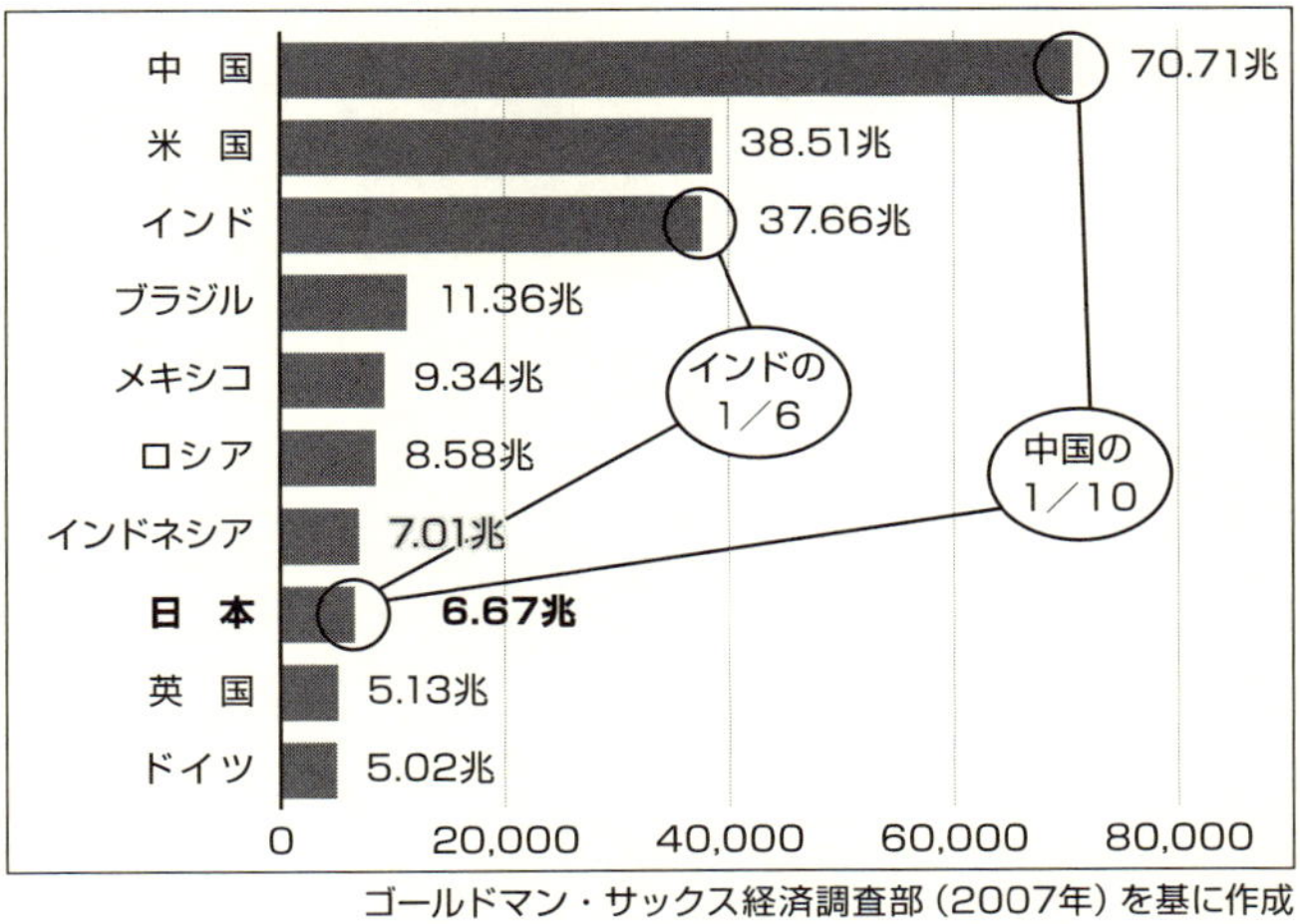

ゴールドマン・サックス経済調査部（2007年）を基に作成

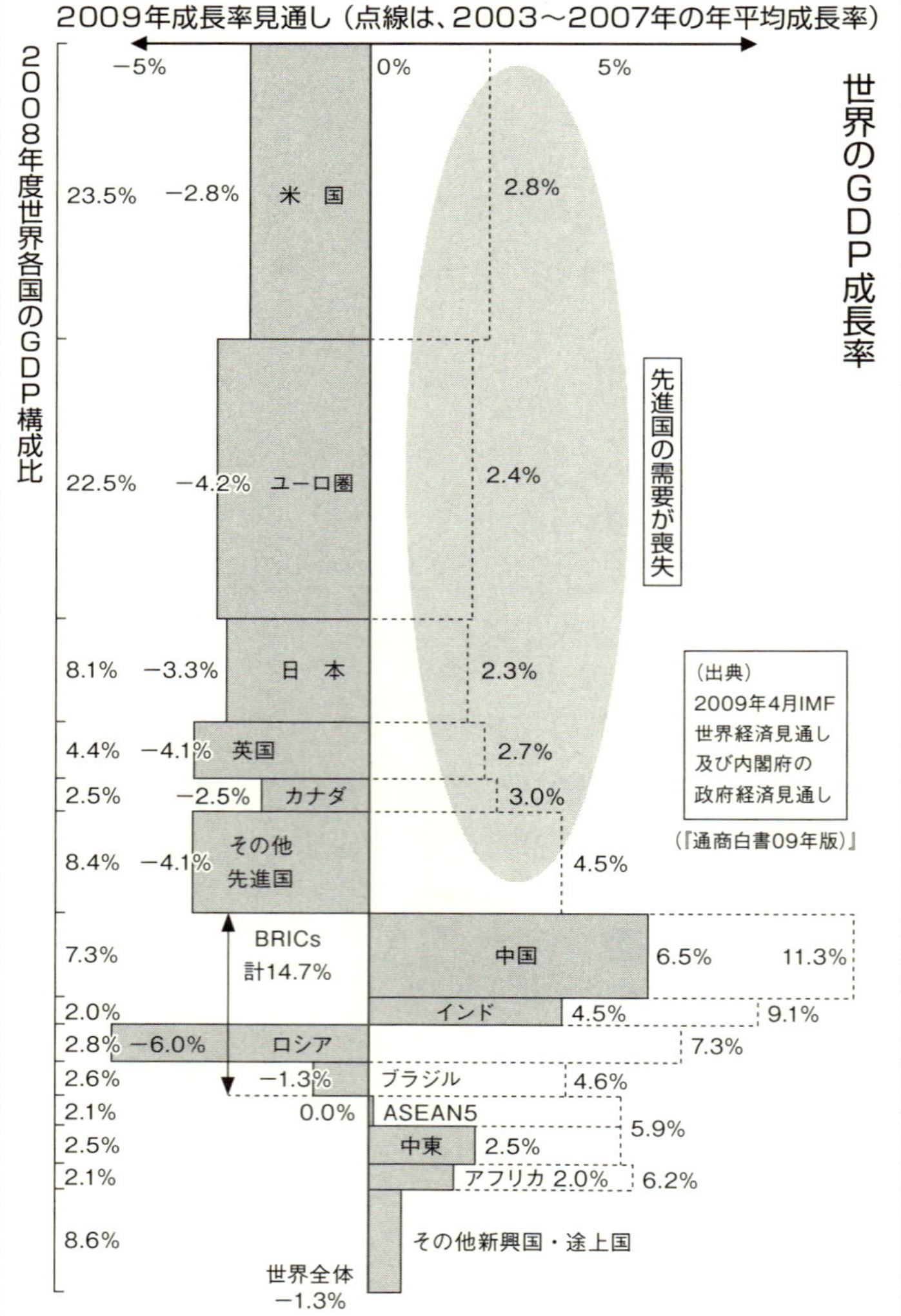
2009年成長率見通し（点線は、2003〜2007年の年平均成長率）
2008年度世界各国のGDP構成比
世界のGDP成長率
−5%
0%
5%
23.5%
−2.8%
米　国
2.8%
22.5%
−4.2%
ユーロ圏
2.4%
先進国の需要が喪失
8.1%
−3.3%
日　本
2.3%
4.4%
−4.1%
英国
2.7%
2.5%
−2.5%
カナダ
3.0%
8.4%
−4.1%
その他
先進国
4.5%
（出典）
2009年4月IMF
世界経済見通し
及び内閣府の
政府経済見通し
（『通商白書09年版』）
BRICs
計14.7%
7.3%
中国
6.5%
11.3%
2.0%
インド
4.5%
9.1%
2.8%
−6.0%
ロシア
7.3%
2.6%
−1.3%
ブラジル
4.6%
2.1%
0.0%
ASEAN5
5.9%
2.5%
中東
2.5%
2.1%
アフリカ 2.0%
6.2%
8.6%
その他新興国・途上国
世界全体
−1.3%

新興国はリーマンショックでもダメージは少なかった。

で、１９６８年に達成した「世界第2位のＧＤＰ」こそ、まさに一等国日本の証でした。その栄光の座を今年、中国に追い越され、そのあとをインドやブラジルがヒタヒタと迫る。でも、これをもって日本は一等国の座から滑り落ちると考えるのは正しいのでしょうか、数字は単にその大きさで見るのではなく、中身をよく吟味して見る必要があります。

中国の数字をどう読むか

２０１０年最初の四半期の中国の実質経済成長率は11・9パーセントと発表されています。この数字がいかに大きなものであるか、この数字が中国国民にもたらす経済的インパクトはどのようなものか。そのことを考えてみます。

なによりも中国の人口が日本の十倍もあり、さらには成長率の複利計算をすれば中国の国民総生産が数年のうちに日本の倍になるということは理解に難しくないでしょう。

この高い成長率をみて、単純に「それはバブルだ」ということも可能ですが、中国では他国とは違った数字の読み方もあります。たとえばそのための一助として中国の不動産を見てみましょう。

今や中国の不動産、特に北京や上海、沿海州での不動産価格の値上がりはゆうに20パーセントを超えるものであり、その高い数字は中央政府にとっても最大の関心事であり、心配事となっています。

マンション価格の高騰で、家を買った人の中にはサラリーの50パーセント以上をローンの支払いに当てなければならない人もいます。現実に住居を買えない人が多数出て、その人たちが仕方なく自動車を買い付けているという話もあり、自動車の販売台数も年30パーセント以上の増加を記録しています。それだけではなく、明らかに転売目的で不動産を買い、転がして莫大な利益を得ている人もたくさんいます。

事態を憂《うれ》えているのは中国政府だけではなく、外国の金融機関も同様です。中国の不動産バブルがはじけたら、そのインパクトはドバイ・ショックの数百倍の衝撃波を世界の金融機関に及ぼし、新たな世界恐慌の火種にならないとも限らないと読んでいるのです。

にもかかわらず、中国では今年も1000万戸以上の住宅が建設されています。「中国の不動産業の人たちは何を考えているのか」という疑問を投げかけたくなりますが、この1000万戸という数字はそれをトータルの居住面積にしてみると、国民1人当たりの住居スペースとしては、わずか0・5平方メートルあまりの増加、1軒あたり1~2平方メートルの居住空間の増加にすぎないのです。

つまり今まで60平方メートルの家に住んでいた一家が62平方メートルの家に住めるようになるという程度なのです。

国民総生産が年に10パーセントも上がる国ですから、居住スペースも10パーセントぐらい広がっても当然なのに、たった３パーセントしか広がらないという話になってしまいます。これぞ中国流の数字のマジックであり、中国の分母の大きさを考えないとすべての数字が、とてつもなく大きなものに見えてしまいます。

ほかに似たような数字では、中国では毎年１００億羽の鶏と1億頭の豚が消費されているという数字もあります。とにかく、こと中国に関しては数字で驚いていてはダメだということでしょう。

数字を気にしすぎる日本人

これらの数字に最も驚いているのは誰かといえば、ほかならぬ日本かもしれません。１９７９年にアメリカの社会学者のエズラ・ヴォーゲルが『ジャパン・アズ・ナンバーワン』を書いて以来、日本人は「イチバン」を意識し始めました。

あの頃の勢いでグラフの線を延ばしていけば、やがて日本のＧＤＰは米国を抜き、東京の土地の価格全部とアメリカの全土の土地を等価交換できるなどといった議論がもてはやされました。

「イチバン」という言葉は、外国人が知っている日本語の中でも順位が高く、私なども外国人からこの言葉を聴いて、うれしくも、恥ずかしくも感じたものです。実際会社でも、売り上げ一番、シェアも一番といった会話が当然のように飛び交い、すべてが一番を目指した時代がありました。

そのとき以来、日本は数字の大きさに権威と安心感を抱くようになり、経済も企業も大学もお店もすべて大きいものがよいものという幻想を抱いてしまったのです。そればかりではなく、小さいものを蔑《さげす》み、バカにする風潮まで持ち込んでしまったようです。

この時代の「大きさへの信仰」はテレビにも現われました。「大きいことはよいことだ」という昔のテレビコマーシャルのセリフがそうです。これはあながち間違っていることではありません。しかしそれは、人口特に労働人口が増え続け、経済の規模が大きくなるという前提があっての話です。

どんな事業、どんな企業でも不良資産や不良債権を抱えていますが、経済規模が拡大している中では、新規顧客の獲得や売り上げの増大がそのようなマイナス面を帳消しにしてもまだ余りあるプラスがあります。そういう時代には我々サラリーマンは毎年の売り上げ予算を作成するときにはほとんど無意識に右肩上がりの数字を書き入れ、それがまかり通ったのです。

日本人はとにもかくにも、数字を大変気にする国民なのです。

そんな日本人が、日本が今まさにＧＤＰ世界２位の座から落ちると知ったら、いったいどう反応するのでしょうか。ここは我々がみな自問自答しなければならない問題です。

製造業を諦めたアメリカ、製造業に固執した日本、すべてを奪った中国

日本がそんな太平楽にあった頃、海外の状況は大きく動いていました。

前章で、モノづくりのスタートは18世紀後半の産業革命から始まったことを述べました。イギリスで起きた産業革命は１００年の歳月をかけて地球に文明をもたらし、列強と呼ばれる国々をつくり、幾度の戦争を経て、やがて軍事力ではなく経済力が国力の尺度となる東西冷戦後の時代まで、「モノづくり」の優劣が国富の象徴として見られる時代が続きました。

そういった時代認識が覆《くつがえ》されるのは、１９９０年代に入り、いわゆるＩＴ革命（情報革命）が起きて、産業革命の１００年の歴史が静かに終わろうとする頃のことです。

特に１９８４年にパソコンが出現し、それがオフィスのデスクの上や家庭にも入り出す１９９０年頃が時代の変わり目であったように思います。おりしも中国では鄧小平による改革開放政策がスタートし、翌１９９１年にはソ連邦の崩壊が世界を驚かせました。第２次大戦後、長らく続いた東西冷戦構造が終わったのです。

ＩＴ革命が水面下で進行していた頃、日本の製造業は絶頂期を迎えます。世界の技術を独り占めにし、日本での製造コストが上がれば東南アジアや東欧などに工場を持っていけばよいと

いう考えが常識化していました。その間、古い部分のアメリカはさかんにジャパン・バッシングで自国の製造業を守ろうとしていましたが、一方で新しい部分のアメリカは情報革命を起こすべく、ものすごい勢いで突き進んでいたのです。ある産業がダメになったら、次のテーマを考え、それに注力して進んでいく、これがアメリカの活力です。

日本がそうした動きを知らなかったわけではありませんが、日本ではＩＴ革命とはＩＴ関連の機器がたくさん売れることとしか捉えられなかったので、汎用型のチップやパソコンのセットの製造にのみに力を注いでいたのです。

今や誰でも、ＩＴの世界ではネットワークやＯＳやアプリケーションが最も重要なものと理解していますが、それでもまだ、日本人のハード崇拝がなくなったわけではありません。いまだに「モノづくり」を金科玉条としていることは、企業も政府もマスコミも変わりはありません。鉄鋼、半導体、家電、自動車、そのすべてにおいて生産量の大きさを国力の大きさと誤解していたのです。

一方、産業革命の最後の受益者は中国です。グローバル化した世界で彼らは、大量にモノをつくることによってコストを下げ、経済的な優位に立てることを覚えました。また、デジタルの技術がどんな高度な技術の商品であってもすぐにコモディティー化できることも学びました。地球上からモノが必要なくなるその日まで、世界の需要の三角形の下半分は世界最大の人口を持つ国、中国が最大のサプライヤーであり続けることを彼らは今や確信し、その方針に自信を深めました。中国で仕事をした私もそう思います。

このような状況下で、なぜ日本は製造業に固執するのでしょうか。日本には昔から「匠《たくみ》の技」といわれる伝統技術などが数多くあり、それは日本が誇るべきものであることは間違いありませんが、そこでいわれる「モノづくり」と大量生産によってつくられるモノとを混同しているのではないでしょうか。

もういい加減、モノづくりを金科玉条とするのはやめましょう。中国でつくらせたほうがメリットがあるものはどんどん中国でつくらせましょう。このことは、東南アジアについても、南米についても同じです。このシンプルな論点をクリアしなければ、次の日本の進むべき方向性など議論もできません。

「さらば、モノづくり」。これを唱えてはじめて、日本の将来への扉が開かれます。

ＩＴ革命と金融革命

モノづくりでその主導的立場を日本に奪われたアメリカが次に目指したのがＩＴ革命です。

彼らのＩＴ革命は二つの側面を持っていました。つまり、デジタルの技術で瞬時に大量の情報を送ったり、コピーしたり、加工したりすることができるようになったというハードの側面と、そのハードを使って情報を利用・加工することによって生まれる新しいビジネスの到来という側面です。

ＩＴビジネスは、ハードの製造という部分はほとんど意味を持たない世界です。アメリカも当初は自国内でハードの生産も行っていましたが、すぐにアジアへシフトしてしまいました。これは伝統的な産業革命の思想（モノづくりの思想）からはまったく出てこない発想です。

この90年代に始まったＩＴの世界では、新しい技術やソフトの誕生はほぼ無限に近い大きさで拡大していきます。そこでアメリカのとった方策が「シリコンバレー」です。シリコンバレーのような新天地に世界の頭脳を集め、そこでの成果を自国のものとして広く世界にばら撒く。「Made in USA」ではあっても、「Made by American」ではない製品が次々と生み出されていったのです。

さて日本です。このとき日本は、何をやっていたのでしょう。ゲーム業界ではソニーとニンテンドーが世界をリードする商品やソフトを出し、世界を席巻するワールド・スタンダードを確立しました。しかし、それ以外の分野では、ほとんどがアメリカで生まれたものの日本語版への焼き直しでしかありませんでした。日本独自のＯＳも頓挫し、検索エンジンもアメリカ製、e-コマースもネット・オークションもメーラーもマップもすべてアメリカから持ち込まれたものです。

オフィスのＩＴ化もこの時期に進みますが、日本のシステム会社は日本市場の外に出て戦う競争力はなく、日本語という城壁に守られた中で高コストのシステム開発に終始しました。

アメリカのシステム会社は自国内のマンパワーだけでは間に合わない状況になり、すでに90年代初頭にはインドなどへのアウトソースを始めています。ところが、日本はこのアウトソースでもさしたる成果を見せていません。

私も中国やインドのアウトソース会社の人たちと話をしたことがありますが、彼らと日本とのビジネスの難しさはやはりコミュニケーションの難しさにあります。英語を話せるシステムエンジニアが少ないこともありますし、日本人がスペック（仕様）と結論をロジカルに伝えてくれないというもどかしさが彼らにはあるようです。何事にもファジーで、情緒的に話をする傾向のある日本人には、「０・１」のコンピューターの世界は意外と敷居が高いのです。ここでも、日本人のコミュニケーションの能力が問われています。

そんなこんなで、日本でのＩＴ革命は、それなりにうねりはあったものの、アメリカほどに経済を大きく持ち上げる力にはなり得なかったし、現実になりませんでした。そうしているうちに、ＩＴのハードビジネスは台湾と中国が持っていってしまい、ソフト開発のビジネスはインドや中国、そしてロシアやイスラエルまでもが我がものにしてしまったのです。

一方、アメリカではもう一つの大きな変化が進行していました。それが、２０００年代に入りアメリカが生みだした金融革命です。

金融革命は、世の中のありとあらゆるものを証券化し、金融商品として売ることを考えたまさに21世紀の錬金術です。ここでその中身は詳しく述べませんが、欧州と日本の金融業界はこの新しい金融商品に振り回され、高利回りに踊らされ、気がつけばいつの間にかどっぷりと手を染めていたというのが実情でしょう。

そこではまったく政府の監視の目は届いていません。そもそも日本の財務省や金融庁にどれだけこれらの金融商品を理解した人がいるでしょうか。そこに使われる英語が正しく理解できる人も数えるほどしかいない現状では、各金融機関に次々と持ち込まれる商品のリスク分析をしたり監督したりする術《すべ》はなかったのでしょう。

かくして、２００７年、米国でサブプライム問題が起こります。結局日本はこの金融革命にも中途半端な形でしか乗ることができず、翌２００８年のリーマンブラザーズの破局とともに金融革命を終えてしまいます。

しかし、金融資本主義は大変重要な意味を持っています。

事業の再生が必要な会社や成長戦略に投資を必要とする会社、あるいはベンチャー企業にとって外部からの資金導入は欠かすことができません。日本の銀行は従来から担保のない相手には金は貸さないのが原則ですから、いわゆるファンド会社が投資家から集めた資金を担保なしに事業に投入することは企業活動の活性化に役立ち、ひいては国家経済の強化につながるのです。

しかし結局この10年間、日本人に残ったのは「ハゲ鷹ファンド」という言葉に代表される悪徳金貸し的なイメージだけです。その本当の犠牲者は、資金が回らずに倒産していった企業とその従業員たちなのです。

日本でM&Aあるいは会社の合弁・買収というと、行き詰まった会社がどこかに乗っ取られるとか、合併させられると誰しも考えます。しかしながら、本来買収するということは、買い手がその会社の価値を認めたということですし、合併は、それによって企業がより強くなることです。それをサポートするのが金融機関の役目です。

そもそも、株式を上場することの意味は、自分の会社の株を買ってくださいということですし、その延長線上には「この会社を売ってもよいです」という意味があるのです。どうしても会社を売りたくない企業は上場しなければいいだけです。

ところが日本では、「上場」は会社として一つのステータスを得ることだと考えられています。買収話がくると、せっかく上場して立派な会社になったのに、早くも誰かがうちに目をつけた、「乗っ取りを企んでいるのではないか」という反応になるのです。確かに会社を次々と売り買いして、まるで土地ころがしのようにして儲けようという金融機関もありますが、すべてのファンド会社を「ハゲ鷹」と決めつけることで、成長するための資金を必要としている企業にお金が回らなくなってはつまらないことです。

ということで、日本では諸外国に比べ企業のM＆Aなどが極端に少なく、それだけ企業の活性化が遅れました。今や外国の投資家も、日本企業はM＆Aに向いていないと考えており、日本そのものが投資の対象から外されようとしています。

振り返ると、２０００年代の金融革命の時代にも日本はさしたる成果もあげられずに無駄に時間を費やしてしまいました。その結果日本は、古き良き80年代までの「モノづくり」の時代へ回帰しようと相変わらず考えています。

こうして日本は、世界から置き去りにされたのです。

次の10年、新たな革命は

そこで、次の10年、アメリカが勝負に出る政策とは何でしょうか。

それは、いわずと知れた「環境」です。「環境革命」が次の10年の主戦場になります。

過去20年ぐらい、世界のどの国でも、環境は単なるスローガンでした。企業や社会が「人にやさしい」とか「環境を大切に」と声を出すのは、身の清廉を外部に喧伝《けんでん》するためのスローガンにすぎず、実際企業や自治体がどれだけのことをやっていたかは定かではありません。

日本はアメリカの起こす波に乗り切れていない。
次の環境ビジネスの波にどう乗るのか。

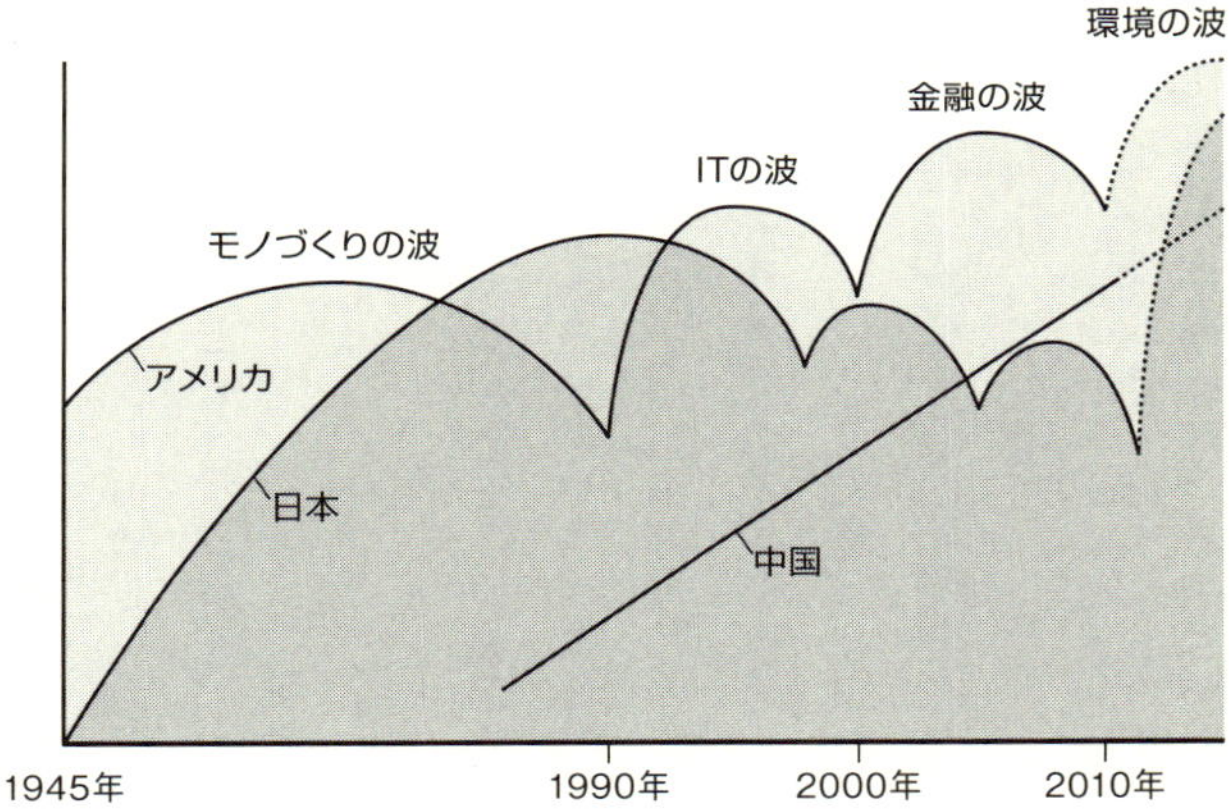

しかも環境を実践するには、リサイクルにしても、水処理にしても、クリーンエネルギーにしてもコストがかかり過ぎ、企業は環境対策そのものよりも環境に対する取り組みをPRする費用のほうにより多くのお金を使っていたぐらいです。

しかし、今日これだけの世界規模でカーボン・フリーや省エネ、化石燃料の枯渇が叫ばれると、いよいよ環境がビジネスとなり莫大な収益を生み出す可能性が出てきました。現にアメリカは、石油の大量輸入国に転落することを恐れ、代替エネルギーに対して真剣に取り組み始めましたし、欧州はもともと代替エネルギーについては一歩先を行っていたので、自分たちこそ世界をリードできると考えているでしょう。

日本は今度こそ、この波に乗らなければいけません。

日本の環境に対する取り組みや環境技術に関しては、多くの日本人が「日本は進んでいる」と考えているのではないでしょうか。ハイブリッド車の成功だけで日本の環境技術を語ってはいけないと思います。この環境に関しては次の章で詳しく述べます。

日本の落日？

今や日本の人口は減少に転じ、特に労働人口のそれは著しいものがあります。それに比例してGDPもフラットあるいはマイナスに転じる年も出てきました。そんな社会・経済状況の中で、まるで大量の食物を口に入れ続ける恐竜のような「大量生産・大量消費」を前提とした事業展開をする会社が生き残れるでしょうか。答えは自ずと知れています。

さすがにどの企業もこうした現実に気づいていますが、日本にはまだこの現実を直視できない人たちがいます。官僚と政治家です。年金、医療保険、赤字空港、赤字新幹線、すべて同じところに問題が存在しています。

彼らは、日本の経済が伸び続けるということを前提に数字をはじき、将来の予測をしてきたのです。これは極めて作為的であり、官僚が現実を直視していないというよりは、ある意図をもってそのような数字を出しているといったほうが正しいかもしれません。とすると、無知な話であるというよりは怖い話であるといったほうがよいでしょう。

昨今は誰もが知ってのとおり、福祉や年金の不足分は国債という借金で補っています。それはいつかは財政破たんという事態を招き、そのあとは大増税、ハイパーインフレ、年金カット、給料カットへまっしぐらです。

これは、いつそのような状況が来るのかという時間の問題であって、来るのか来ないのかという議論ではないのです。このような恐怖の根源にあるのが、人口増加率・労働者人口などの読み違いなのです。

前に述べたことですが、ことGDPに関する限り、日本と中国の差は急速に拡がるばかりですし、中国はおろかインドやブラジルにも日本が追い抜かれる日がそう遠くないうちにやってきます。

だからといって、やみくもに悲観することはありません。人口の多い国は当然のことながらGDP大国になるポテンシャルを持っているのは当たり前のことですし、そのような「大国」が本来持つべき経済力をつけることはグローバルな経済にとってはむしろ歓迎されるべきことです。

19世紀後半の中国は、あやふやな統計ではありますが、当時のアメリカと同じぐらいのGDPを持ち、世界のGDPの20パーセントほどを占めていたといわれています。ただ、悲しいことに、当時の中国は国が統一されておらず、政治的・軍事的混乱に乗じられて欧米日の列強に国を支配されてしまいました。欧米日列強はまさにその中国の持つ市場の豊かさと可能性に目をつけたが故の行動をとったわけです。今日の中国の伸長は中国市場の持つポテンシャルが現実となったともいえる状況ですので、その中国の経済力を平和的な手段で活用することが今我々に求められている課題なのです。

その際、日本の企業がとるべき作戦は自ずと見えてきます。それはむろん、ＧＤＰ第2位の時代の大会社・大量生産・大量消費・純国産主義・ナンバーワン戦略ではありません。これらの躍進する新巨大ＧＤＰ国にいかに上手に入り込み、日本ならではの知恵と想像力に満ちたビジネスを、どのような巧みさで展開していくのか。それが、今後の重要な鍵となります。

経済の活性化にもつながる人口政策

日本が沈みっぱなしでいる二つの政策ミスがあります。一つは人口政策、もう一つは移民政策です。

他国がどうあれ、日本の人口の減少と老齢化は深刻です。これを食い止めるのにはどうしたらよいでしょうか。まず、こういう問題に妙案などはないということを認めること。ここから

各国の人口（2009年）

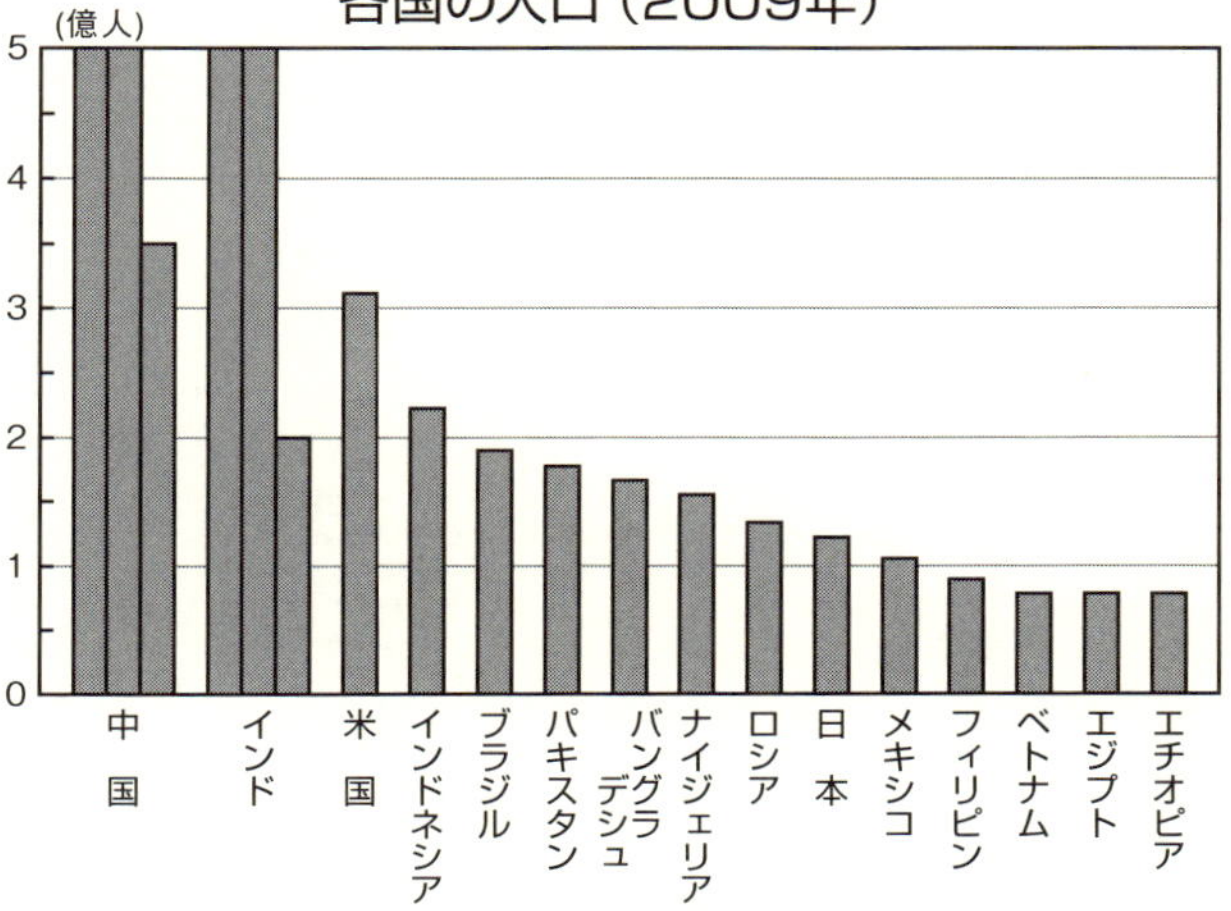

日本よりも人口の多い国は、将来GDPでも勝る可能性がある。（総務省統計局）

始めなければなりません。
ただ、少なくとも他国の政策に学ぶことはできます。最初に考えるべきはやはり出生率の増加を図ることでしょう。民主党政府が行っているような子供手当て的なものは北欧諸国やフランスにもありますし、何人目からの子供に対し様々な手当てが出るという政策は先進国ではやってない国を探すのが難しいくらいです。

でもそれだけでよいのでしょうか。子供手当て的なものはもっと子供をつくろうというインセンティブに多少はなりますが、親が子供をつくらない本当の理由とは若干乖離《かいり》があるのではないでしょうか。現代の親、特に母親は多くの場合結婚しても勤めを続けています。多分、結婚しても働き続ける女性の割合

人口ピラミッド（年齢階級別割合）

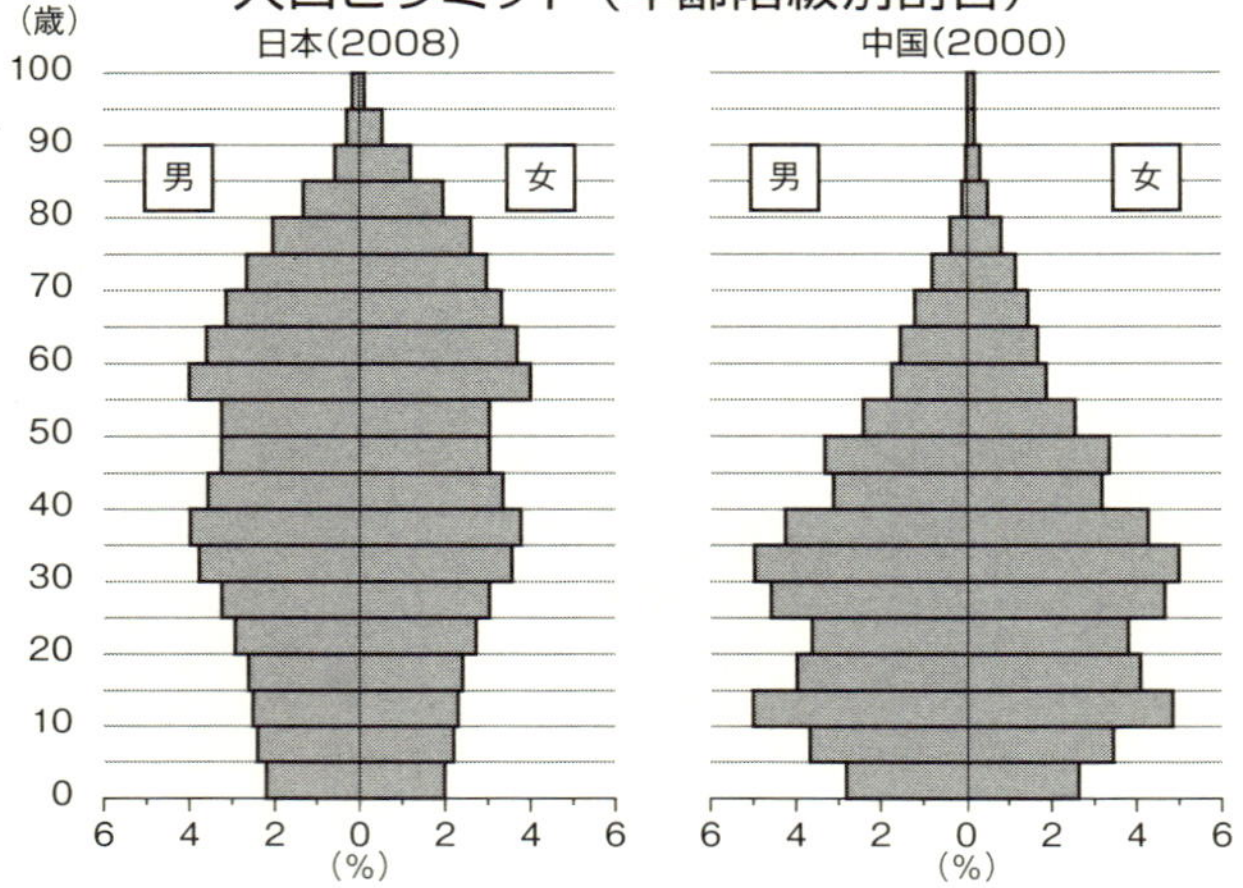

中国はいま、労働人口が最大化しているが、
次第に日本と同じ形のピラミッドになる。（総務省統計局）

は欧米と変わらないでしょう。

しかし日本では、子供ができたとたんに勤めを辞める、辞めなければいけなくなる女性がなんと多いことでしょう。子育てに男性がいっさい関わらないという社会慣習や、産休や育児休暇が取りにくいという企業風土。これは問題です。

ですが、ここではそれらを議論せずに、制度的な問題を語るべきでしょう。つまり、保育園の絶対的な不足という問題です。現在の日本の保育園の総数は２万３０００個所、およその半分が無認可で、待機児童の数は２万５０００人ほどです。

しかも一保育園あたりの人数は多すぎ、保育士さんの数は絶対的に不足しています。とりわけ無認可の保育園では経営が大変苦しく、

日本及び諸外国出生率の推移

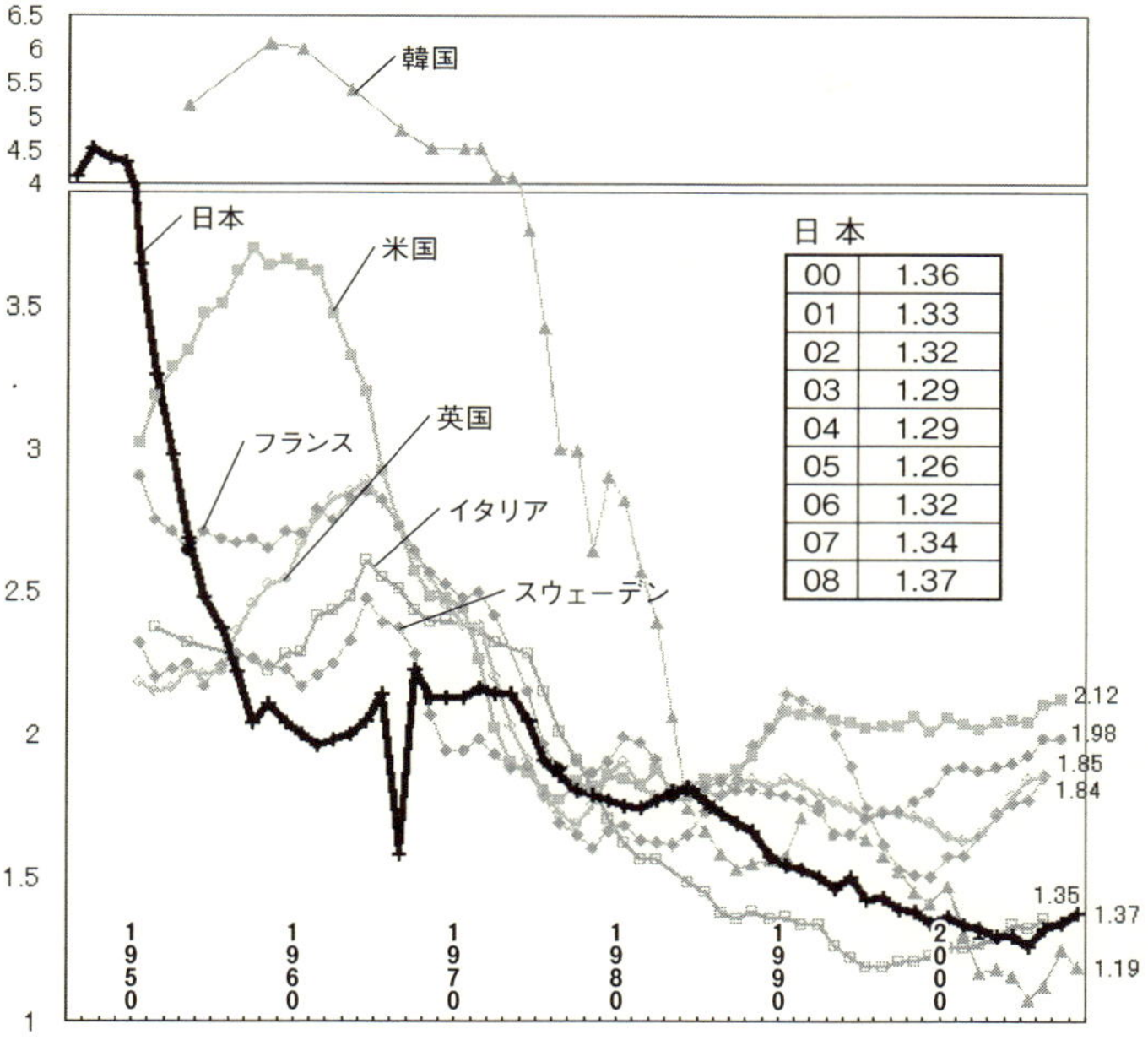

日本及び諸外国出生率（2008年）

国　名	出生率
米　国	2.12
フランス	1.98
スウェーデン	1.85
英　国	1.84
日　本	1.37
イタリア	1.35
韓　国	1.19

※出生率＝出生者数を人口で割り1000倍した数字

出所：厚生労働省「平成13年度人口動態統計特殊報告」「人口動態統計」（日本及び米仏'07）国立社会保障・人口問題研究所「人口統計資料集2009」、Korea National Statistics Office

日本と諸外国の人口推移比較

（単位：億人）

国名	2008年	2020年	2040年
インド	11.9	14.5	16.6
中国	13.4	14.4	14.1
米国	3.1	3.5	4.02
ロシア	1.42	1.28	1.08
日本	1.28	1.22	1.03

12位 → 16位

（総務省統計局）

保育士の人たちの給与も一般の職種に比べ低く、保育士のなり手も不足気味です。これは、介護施設もまったく同じ状況です。

保育と介護に金を惜しむ日本。これは、各国との対比からも否定できないことです。おぎゃあと生まれてもロクな保育施設がなく、老いれば粗末にされる社会では恥ずかしい限りです。

日本中に、あと2000個所、保育園を増やして、2万人の保育士を新たに雇い入れ、彼らの給与を20パーセント上げるのに、いったいいくらかかるというのでしょうか。おそらく子供手当ての十分の一でたりるのではないでしょうか、それで日本は保育先進国になれるのです。

朝から夜まで子供を預かってくれる保育所

日本の生産人口も減少傾向

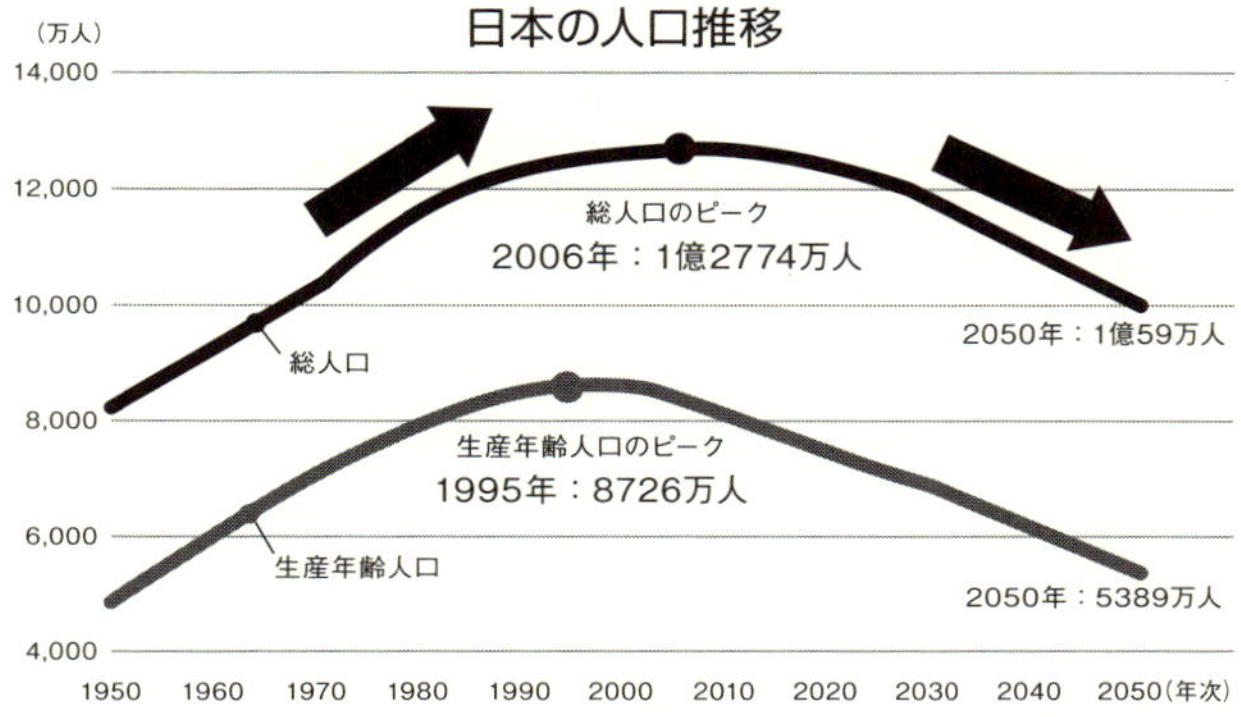

出所：2005年までは総務省統計局「国勢調査」、2010年以降は国立社会保障・人口問題研究所「日本の将来推計人口（平成18年12月推計）中位推計」

生産年齢のピーク時とバブル経済のピーク時が一致している。

があれば、給与の三分の一を保育所に払ってもいいというお母さんだってたくさんいるのではないでしょうか。きっと子供手当てよりは喜んでくれるのではないかと思います。しかも雇用を生み、育児産業を活性化させる経済効果もあります。

子供手当てはばら撒きであり、それが経済を活性化するために使われるかどうか非常に不確定なものがあります。子供手当てに関しては野党から、「親がそのお金でパチンコに行ったらどうなるのか」という議論も出ましたが、道徳的な問題はあっても経済的にはタンス預金にされるよりはましです。おそらく最悪のシナリオは、そのお金が貯蓄されてしまうことでしょう。お金は使って回すことで生きてきます。

移民政策も待ったなし

人口増加の施策として次に挙がるのは、間違いなく「移民政策」でしょう。アメリカ、フランス、イギリス、ドイツ、オーストラリア、こうした国々は今まで積極的に移民政策をとってきました。状況により、移民の受け入れを緩めたり絞ったりということの繰り返しではありましたが、それでも移民がこれらの国の経済を支え、国に活力を与えてきたことは歴然たる事実です。

１９９０年頃から米国のＩＴ時代の象徴的都市であったシリコンバレー、そこに一度でも行ったことのある人ならすぐに気づいたはずです。シリコンバレーの企業で働く人は、インド人、中国人、イスラエル人、韓国人、そして日本人など、外国人ばかりが目立ちます。数代にわたってアメリカで生まれ、アメリカで育った「純粋アメリカ人」は、いったい全体の何割いるでしょうか。純粋アメリカ人という言い方そのものが間違っているのかもしれませんが、要はアメリカのＩＴ産業を支えているのは外国人です。

ロンドンのヒースロー空港に行くと、「ここはどこの国の空港だろうか」といつも思います。空港はインド人、アラブ人、東洋人、アフリカ人であふれかえっています。たまに白人がいても、近づいてみると何やら聞きなれない言語を喋っている旧東ヨーロッパの人たちです。

イギリスでも若い人たちの就職は大変ですし、失業率は日本よりはるかに高い８・２パーセントです。それでもあれだけの外国人労働者を抱え込み、しかも過去20年間人口は増え続けているのです。見方によっては、イギリス人の失業手当や医療費は彼ら外国人が納めた税金でまかなわれているといっても過言ではありません。

カナダも、フランスも、オーストラリアも、事情は似たり寄ったりです。外国人労働者は仕事を持ち、税金を払う以上は国に留まれますが、仕事を失えばヴィザが失効する仕組みになっていますので一所懸命に働きます。

ひるがえって、日本はどうでしょう。相変わらず外国人の就労ヴィザの取得は厳しい状況にあります。日本国内在住の外国人の数は全体の１・６パーセント（その約20パーセントが戦前からいる特別在住者）。他のＯＥＣＤ諸国に比べると、異常に少ない数です。

国勢衰えたりといえども、日本は相対的にはいまだ魅力的な国です。日本で働きたいと願う外国人はまだまだ多いのですが、大学を卒業した人でもなかなか就労ヴィザがおりないのが実情です。おかしなことに、ダンサーという名目なら簡単にヴィザがおりる。どうも理解に苦しむところです。

また日本では、外国人が増えると犯罪が増えるなどと差別的な発言が大っぴらになされています。しかし私にいわせれば、正当な理由で働きたい人がヴィザを取れないものだから、不法就労者や不法入国者が相対的に増加し、外国人犯罪を目立たせているという側面もあるのです。

また、日本のみならず、どこの国でもよくある議論が、「外国人が内国人の仕事を奪う」というものですが、どの国でも仕事の総量、就業者の総数が一定であるわけではありません。仕事が仕事を生むのであり、人口が増えることにより、その人口を支える仕事ができるのです。

また、外国人労働者が仕事をすれば彼らは税金も払いますし、消費者にもなるのです。外国人を労働者という側面からだけ見るのではなく、消費者として見ることが重要です。それによって経済が拡大し、日本人の仕事も増えると考えるべきでしょう。資本主義経済の鉄則は、仕事が仕事を生み、お金は回転させることによりお金を生むということです。

さらに付け加えるならば、「不動産投資をしてくれる外国人には永住権を与える」という政策も、ぜひとってほしいものです。

先に、日本への投資は減退ぎみだと書きましたが、ある種の中国人にとって日本の不動産は魅力的に映っているに違いありません。中国から日本への旅行客が大変な勢いで増えていますが、旅行で日本にやってきた人たちが、次には日本の不動産を買ってみたいと思うのは自然な成り行きです。今は旅行のたびに日本のヴィザを取得するのに相当苦労していますので、彼らに永住権を与えるとなればかなりのインセンティブになりますし、子弟を日本で勉強させようという考えを持つ人も出てくるでしょう。

そういう話をするとすぐに、日本が中国に買われる！　といった議論が週刊誌などをにぎわせそうですが、これも我々が過去に米国との関係で経験したことです。マンハッタンのビルがすべて日本企業に買われてしまうという話がアメリカでも持ち上がりましたし、ニューズウィークの表紙にキモノを着た自由の女神の像が描かれたりしました。あれも今は昔、あの騒ぎはいったい何だったのだろうと思います。結果としては、お金が少々高いところから低いところへ流れただけという話です。結局は、あのとき日本の企業や投資家は高い買い物をして、後にほとんど損をして売却するはめになったのですから、アメリカの不動産屋さんをちょっぴり儲けさせただけに終わりました。

中国人が「日本の永住権なんか欲しいとも思わない」と言い始める前に、ぜひこのような政策を実行してもらいたいものです。

その意味でつい最近、中国人へのヴィザ発給の条件が緩和されたのは喜ばしいことです。

こう考えてきますと、日本の「人口問題」とはどうしようもない難題ではなく、「人口政策」の問題だということがわかります。しかるべく手を打てば、解決可能だということです。

地球の歴史の中で、人口の減る国で栄えた国は一つもありません。そのことを日本人の一人一人が心して移民問題を考えるべきです。

草食系日本の行く先は?

日本はかつて、「戦後の焼け野原から国づくりを始めた」「まったく資源を持たない国が成功した」と世界からもてはやされました。私が学生時代にインドを無銭旅行したときにも、行く先々で出会ったインド人からそのような「お褒めの言葉」をもらいました。戦後まだ20年ぐらいしか経っていない時期にそのような見方をすでにされていたわけで、改めて戦後復興と経済成長を成し遂げた先人の努力と知恵に感謝する気持ちです。

ところが、戦後60年をゆうに経た現在、その成長が翳《かげ》りを見せる中で、今の日本人の経済力感覚はどうかというと、まだそういった過去の成長物語に酔っている中高年と、日本の過去も知らなければ、将来に対する貪欲さも持ち合わせない若年層とに、はっきりと分かれているように見えます。

自分を「草食系だ」と考えている若者男子が65パーセント以上。そんな調査データもあります。何をもって草食系というのかが定かでないので迂闊《うかつ》なことはいえませんが、草食系の特徴の一つとしていえることは、現状に満足しているというよりは、高くを望まない、あるいは貪欲さを出すことはクールではないと考えているように思われます。今後明らかに肉食系である中国人や雑食系のインド人に抗して、この草食系日本人は生き抜くことができるのでしょうか。

日本は、長年にわたって主にアメリカから「内需拡大をせよ」と言われ続けたせいもあり、外需＝悪、内需＝善というような風潮が日本の経済界にありました。それが理由かどうかわかりませんが、たとえば海外へ留学する若い人の数も近年大幅に減少しています。いつしか日本人は外にビジネスを求めることを忘れ、内向きになってしまいました。

お隣の韓国は人口も日本の約４割にすぎず、超がつくほどの少子化時代を迎えていますので、内需にはハナから期待していません。将来よい仕事に就きたいと思っている学生は、まずは海外留学を考えます。しかも留学先はアメリカばかりではありません。上海交通大学に行けば中国語クラスは企業から派遣されている人たちも含めて70パーセントが韓国人です。

日本の若者はどこへ行ってしまったのでしょう。そこそこの大きさの日本市場を相手としたそこそこの大きさの企業へ勤め、そこそこの人生を送ろうと考えているのかもしれませんが、そのそこそこの市場も老化現象が著しく、このままでは落日を迎える日も遠くありません。今求められるのは、外需を取りに世界の果てまでも出ていくことのできる人材です。

１９４５年の敗戦から田中角栄の『日本列島改造論』（１９７２年）が現われるまでの四分の一世紀は日本の内需などといっても規模の大変小さいもので、外需こそが日本経済を支え、ありとあらゆるものが輸出された時代です。当然国民は、常に海外を見ていました。

ですから、今の日本が、もう一度外需主導の経済に変わらないといけない立場に置かれたことを国民のコンセンサスとして持てるようになれば、外向きの若者たちも増えてくるのではないでしょうか。

質素・倹約は美徳か?

日本には、貝原益軒や二宮尊徳に代表されるように、欲望を抑えることこそ美徳と考え、極力お金を使わないことが健全な生活を送る最良の方法であるという儒教的考え方があります。

それはそうかもしれません。しかし、さらに進んで倹約こそ商売成功の道筋であるかのように教えている部分もありますが、これは問題です。もしかすると、こうした儒教的発想が日本を世界一の貯蓄国家にしているのかもしれません。この話をすると必ず、「日本は年金制度が充実していないので皆老後の心配からお金を貯めている」と反論されます。

しかし、日本は老人福祉が十分ではないという面はあるとは思いますが、世界的に見れば北欧や欧州の数カ国を除いて日本は年金制度がそれなりに整備されています。アメリカ人を見てください。自分で年金を積み立て、個人で健康保険に入らなければ、いっさいの公的援助は期待できないのです。そんな国でありながら、アメリカ人の一人あたりの貯蓄額は日本より少ないのです。日本人は平均で3000万円ぐらいの資産を抱えて墓場に行くそうです。

これは制度的な問題ではなく、おそらく思想的な問題でしょう。私が思うに、この思想を変えなければ日本に未来はありません。何度も言いますが、お金は使って回すことによって価値を生むものであり、いくら貯めておいてもお金は仕事をしません。ブランド品を買ったり、グルメをこよなく愛したり、豪遊を繰り返したり、そういう一見ムダとも見えるものでも、お金が回ることを考えるならば経済にとっては非常によいことなのです。

ガツガツとお金儲けを考えず、生活は質素・倹約を旨とし、自分の狭い行動半径の中だけでものごとを完結させようとする。日本は今、こうした「社会的草食系」の人々によって占められようとしています。現在の日本の危機はこういうところにも源を発しているのではないでしょうか。

私は、今のいわゆる草食系男子を責めるつもりはありません。実際男女間のことを問われれば、草食系男子もまたクールなスタイルといえるでしょう。

問題は、日本人が今の生活、今の暮らし、今の所得水準が保たれればそれでよいと思い、新たな行動への一歩を踏み出さずにいることです。結局それでは、今の生活水準すら保つことができなくなります。それを承知の上で、覚悟の上で、今の若者は「現状のままでかまわない」と言っているのでしょうか。

チャンスを逃さない企業人

私はソニー在職中、地球上のほぼ全域でビジネスの経験をしてきましたが、特にエレクトロニクス関連の販売ビジネスをしていると否応《いやおう》なしに「トレーディング」のビジネスに巻き込まれました。

トレーディングとは、商品を右から左に動かすこと、つまり、ある一国内で卸し業をすることから他国へ販売（転売）することを意味します。

家電製品は必需品と嗜好品の境目をいく商品であり、先進国であれ極貧国であれ、世界的に需要が存在し、しかも物理的な大きさのわりには商品単価が高いという特徴があります。まさに、トレーディングに向いた商品群なのです。

１９８０年代まではアジア、中近東、アフリカ、中南米、東ヨーロッパの地域ではまだまだＷＴＯ加盟国も少なく、多くの国が外資規制を敷いていたため、ソニーもほとんどの国で相手国の販売代理店を使って販売を行っていました。販売代理店ビジネスは、現在でも、どの業種をとってもそうですが、選んだ相手次第でその国でのビジネスの成否が決まってしまいます。

代理店を選定するに際しては、資金力や政府とのコネクション、あるいは商売に対する熱情など、いろいろな要素を考慮しなければなりませんが、最も大事なことは人、特にオーナーの信用力でしょう。

また、それぞれの地域の営業活動の実態を見てみると、必ずといってよいほど中継貿易を得意とする国（都市）があります。香港、シンガポール、ドバイ、パナマといった国（都市）がそうです。それらを通してその地域あるいは世界へ商品が合法あるいは非合法な形で再輸出されていきます。

彼らは、世界中にめぐらしたネットワークを駆使して情報を集め、ビジネスチャンスを虎視《こし》眈々《たんたん》と狙っています。いったんつかんだチャンスは何があっても逃しません。ソニーが売れるとなれば、あらゆる手段をとって、我々に近づいてきます。

これらの商売それ自体も大変興味深い題材ですが、それは別の機会に書くとして、このような家電ビジネスを得意とする人たちについて、次に語りたいと思います。

華僑・印僑・ユダヤ商人

ソニーは、毎年一回、世界中から幹部社員、代理店、販売店の人たちを呼んでコンファランスという名の大会議を開いていましたが、そこに集まる大手の代理店、販売店のほとんどが中国系かインド系、あるいはユダヤ系なのです。エレクトロニクスビジネスの世界ではこの人たちが世界を動かしているといっても過言ではないでしょう。

なぜそうなったかについてはあまりはっきりしたことはいえませんが、テキスタイルやタバコや宝石などの商品も似たような傾向があります。つまりこれらの商品は、地域を越えて動かしやすく、かつ金額が張るものであり、モノを動かすには世界中のネットワークが必要だからでしょう。

確かに、中国系では華僑といわれる人たちがアジアの商業世界に深く広く浸透していますし、インド系の人たちも香港、シンガポール、パナマ、ドバイあるいはロンドン、ニューヨークといった大都市、アフリカのケニヤ、ナイジェリア、南アフリカ、そして旧東欧地域まで、広くそのネットワークを構築しており、その浸透度では華僑を上回るものがあります。

ユダヤ系の人たちはどうかというと、パナマ、ニューヨーク、ロンドン、アフリカ全土、そしてトルコなどを押さえ、かつては中東のイランでさえもユダヤ商人たちが活躍していました。

さらに面白いのは、特にトレーディングの世界で活躍しているのが中国系では「客家《ハッカ》」と呼ばれる地方の人たちで、インド系では「シンディー」といわれる人たちであることです。どちらも歴史の荒波の中で自分の故郷の地をなくしてしまった人たちです。同じ意味でユダヤ人もそうですし、少数ですが世界の商人として知られるアルメニア商人やレバノン商人、パレスチナ商人も似たような運命を背負った人たちであるのは実に興味深いことです。

しかしながら、そこに日本人の姿はありません。1台のテレビでも数千点の部品を組み合わせ、幾人もの技術者が英知を注ぎ込んでつくった技術の集積である電気製品が、右から左へわずかな口銭で売り買いされるのを見るのはつらいことですが、そのビジネスの環の中に日本人が入れないのも残念です。まるで、「お前たち日本はモノづくり国家だから商売はおれたちに任せろ」と言われているようです。

しかし今は、そのモノづくりさえ外国に出ていってしまったわけですから、我々は商品を売ることに工夫と創意をこらし、付加価値をとることを考えなければならない時代となったのです。

中国人の独立心と出世欲

さて、そうした商人の話は別として、中国やインドの人たちとのビジネスはけっこう難しい面がありますが、やり方次第では興味の尽きない部分も多く、ビジネスを楽しむこともできます。

中国では、たとえば「ソニー・チャイナ」に勤める従業員の誰と話しても、「この会社で出世したい」とは言いません。

別に会社に魅力がないわけでも、仕事が嫌いなわけでもないのです。彼らの将来の夢とは自分の会社をつくることであり、他人がつくった会社の社長になることではないのです、たとえそれが、超のつくほどの大企業や優良企業に勤めていても同じです。

台湾では、あるデータによると、二人に一人は社長だそうです。小さな商店主も、個人あるいは家族だけで営業する人もすべてを社長と数えてのことですが。台湾海峡のどちらの側でもまったく同じ考え方ですので、これは共産主義あるいはその後の改革・開放のもたらしたものでもなさそうです。もっと長い歴史の中でそういう民族的気質が形成されてきたのでしょう。それがこの開放経済の中で花開き、現在の中国躍進の原動力となっています。

日本では最近、別に出世なんか望まないと公言する新入社員などが増えたせいもあり、たまに「この会社の社長になることを将来の夢とします」などと聞くと、方便とは知りつつも、これは有望な若者であるとつい思ってしまいます。

しかしよく考えてみると、この上昇志向はある意味では既存組織維持派であり、実はもっとも保守的で独立心の欠けた人たちであるともいえます。会社を踏み台にして将来は独立したいと面接試験で言えるような若い人が欲しいですし、そういう人を積極的に雇う企業がたくさんあってほしいと願います。

ソニー創業者の盛田さんは、入社式の挨拶で幾度となく、「この会社に一生いようと思うな」と言っていましたが、今の草食系若者を前にそれを言っても、場が白けるだけなのでしょう。

起業家とは

起業家とは何かと問われれば、ピーター・ドラッカーによれば、「変化を求めそれに対応し、既存のビジネスを上手に行うよりもまったく新しいことに経済的価値を見出せる人」となります。ですから一企業の中で社長に上り詰めようと考えている人こそ起業家には最もふさわしくない人ということになります。

また、起業家精神を身につけようと考える人にとって大事なことは、

①変化を求めアイデアで勝負ができること
②何事でもデサイシブ（勇断を持って）に行うこと
③スピードが成功するか否かのキーポイントであることを理解すること

の三つだと思います。

①のアイデアに関しては当然ですし、日本人はこのアイデア面では優れたものを持っています。しかしながら、②の勇断や③のスピードについてはどうでしょう。

私の中国の友人は、中国で初めて日本資本のリース会社を上海で起こし、ほんの数人で始めたビジネスを４年で巨大リース会社に仕立て上げました。その会社が米国系ファンドに売られると会社を辞め、同時に出産・子育てに入り、また１年もしないうちに10億円近いお金を集め、

また一から新しいリース会社を起こしました。

また、別の中国人の友人は清涼飲料の会社を始め、売り上げがまだ1000万円にもいかないときに銀行やファンドから10億円ほど借りまくり、それをすべて広告費に投入し、今では数百億円の売り上げの会社になっています。

チャンスと見たらここぞとばかり、リスクを覚悟で投資し、全速力で事業を展開する。これが中国流のやり方ですが、日本でも数は少ないですが同様の経営者はいます。

今、流通業や外食産業などで成功している企業を見てください。そのほとんどが創業者がまだ経営の最前線に立っています。この人たちに共通しているのは決断力とスピードです。何か新しいことを始めるときに、何年もかけてフィージビリティー・スタディー（事業化調査）をコンサル会社とやったりはしません。リーダーの研ぎ澄まされた勘と信念さえあれば、デシジョンを下すことにそれほど困難はないのです。

このような急成長企業で、ものごとを民主的な合議制で何段階もの会議を経て決めている会社などありません。なぜ大会社といわれる会社ではこれができないのでしょうか。会社はどんなに大きくともやはりトップが引っ張らなくてはなりませんし、トップは民主的である必要などないでしょう。ある人にトップを任せるということはその人に賭けるということですから、失敗したら辞めていただけばよいだけの話です。

先日、コンサル会社の人に、ある外食産業に提案をしたいのだが、その会社に誰か知り合いはいないかと聞かれました。私は今まで外食産業とはほぼ無縁であったのでそういう知人はおりません。コンサル会社の彼にこう言いました。

「直接社長さんに電話してアポを取りなさい。それで社長さんが会ってくれなくて、単に担当者を会わせるということだったら、しょせんその会社とのビジネスなんかできませんよ」

彼が勇躍電話をするとすぐに社長さんとアポが取れ、いきなり提案ができたそうです。二回目のミーティングではコンサル会社が素晴らしいプレゼンを用意したのですが、それを聞いていた社長さんは、「ご苦労様、でもそんなフィージビリティー・スタディーなんか不要です、うちのビジネスモデルは確立されています。新しい地域に進出するか否かの判定は私が現地に行って肌で感じればすぐに出ますから」と言ったのです。これぞ成功者の発言だと私は思いました。

日本にはこういう経営者もいる反面、特に大企業はどんな話を持っていっても、まずは課長さん、そして部長さん、次には役員さんと続きますが、役員さんでも決まらないことがほとんどで、結局は取締役会だとか経営会議の議題に上げられなければなりませんし、そこにいく前にたいていの話は消えてしまいます。

今では日本の会社のこうしたデシジョンの複雑さや遅さは外国でもよく知られており、インド人や中国人の経営者からは常に、「デシジョンできる人と会わせてほしい」とか「どうせ時間がかかるんでしょう」などと、最初に言われてしまうのは大変つらいことです。

また、これは今に始まったことではありませんが、どこの発展途上国に行っても、「日本は投資視察団などを送り込むが、それが実際の投資につながる例はほとんどなく、応対する気にもなれない」とストレートに言われます。

何年も何年も調査を行い、どこか他の会社が投資するのをにらみながら機がくるのをじっと待ち、いざ他社が出るとなると横並びで進出する。逆に、他社が進出すると、今度は調査もロクにしないで追随しようとするというのもよく見られます。

私は1988年に、ドバイのフリーゾーンにソニー100パーセント出資の地域拠点会社を設立しました。日本の会社としては第一号のドバイフリーゾーンへの投資で、大変苦労しましたが、驚いたことに、日本の家電メーカーが2年もしないうちに同じフリーゾーンに次々と会社を設立しました。同様に1992年、ベトナムに製造・販売会社を設立したら、このときも他社が追随してきました。集団心理丸出しの海外進出ぶりです。

国内で行われるセミナーなどにしても同じで、内容に関係のない部署の人が来て、「勉強」をして帰るので、セミナーの内容が実際の投資に役立つことは稀《まれ》です。日本ではセミナーとは純粋勉強会であって、社員教育の一環であり知識の習得の場となっています。

もういい加減、こういう経営感覚を捨てて、新しいビジネスに飛び込まないと、みんな泥舟に乗ったまま沈んでしまいます。日本の経営者には本当に目を覚ましてほしいと思います。

日本がこの20年、世界から取り残されてきた理由をいくつか思いつくままに挙げてみました。さて皆さんは、どう思われますか？

【第3章】

グリーン革命の到来

環境は地球愛か新エネルギー政策か

過去20年、日本人はなす術《すべ》もなく、茫然と立ちつくしていた――大雑把にいえばそれが日本の姿でした。

しかし、これからは違います。特にこの10年が大切で、日本は大きなチャンスをつかむことができそうです。その舞台は「環境」です。

ただ、環境に関する問題を話すときに私にはどうも釈然としないことがあります。

それは、人が環境を口にするとき、環境問題の本質をどう捉えてそれぞれの意見を言っているのかという点です。

その一つは、環境保護の運動は、地球を汚してきたという人類の贖罪《しょくざい》意識から出ているという見方です。

人類がこの地球に生まれて以来、人間は生存に欠かすことのできない酸素をつくる植物を伐採して畑をつくり、木材で家をつくり、木を燃やして火をおこし、さらには、化石化した植物である石油や石炭を燃やして燃料としてきました。

人類の進歩は植物の助けを借りてはじめて成し遂げることができたという感謝の念と、その植物をこれほどまでに浪費し、温室効果ガスを撒《ま》き散らし、オゾン層を傷つけ、そのしっぺ

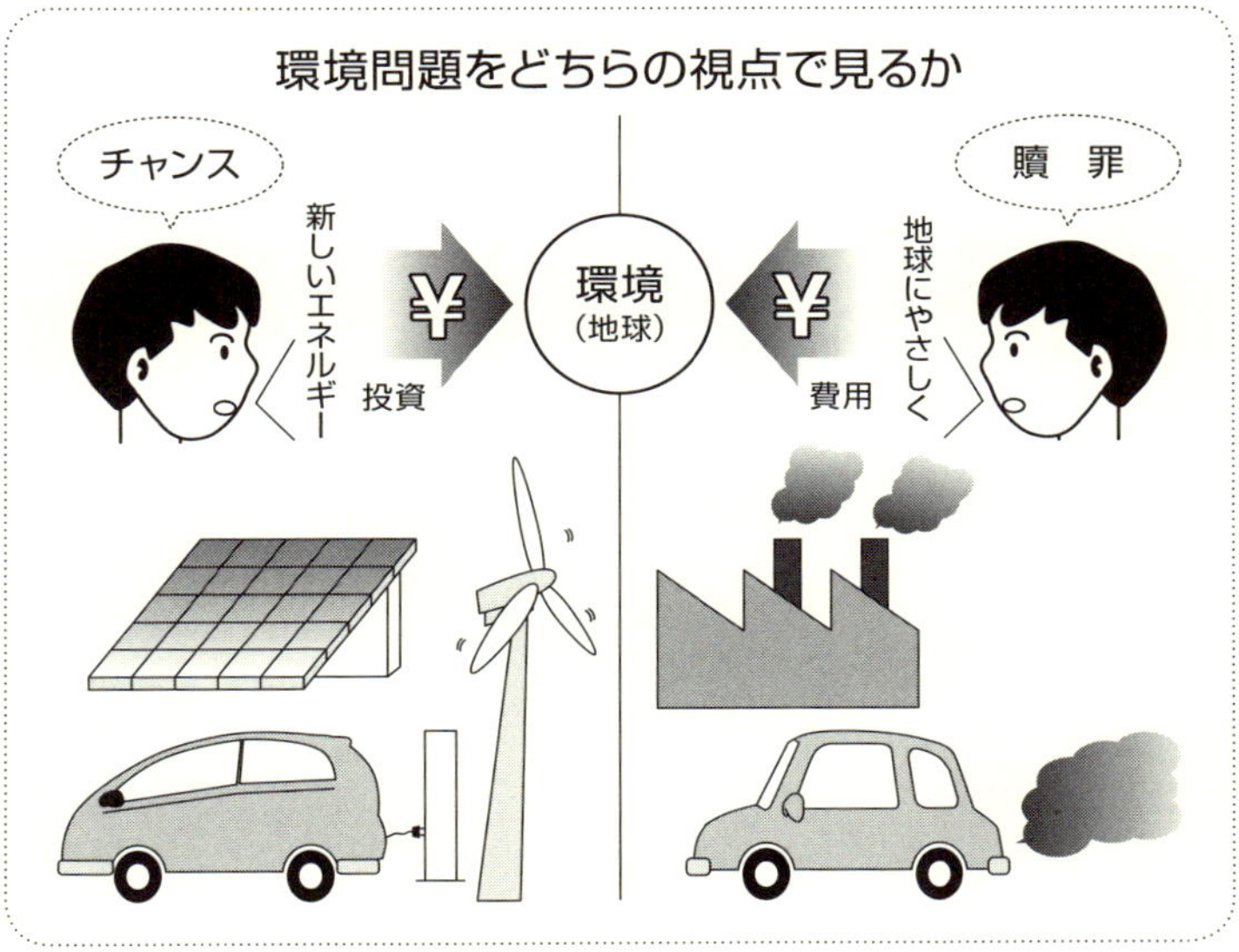

返しを今受けているという罪悪感。その二つの思いが人の心を支配しているが故に、人は環境問題を一つの贖罪として捉える――そういう見方です。この地球愛に満ちた考えから環境問題に取り組むことを人類の当然の「義務」と考える発想は確実にあります。

一方で、木材や化石燃料はもともと限りある資源であり、それに代わる資源を探すのは人類が生き残るための必然である。よりクリーンなエネルギーの開発により、人類社会はもっともっと暮らしやすいものになるのだから、「環境問題＝新エネルギー革命」であるとする見方もあります。

人が環境問題を語るときに、どちらの発想から議論をスタートさせているのかによって、ゴールもまったく異なったものになってきます。

前者の発想では、環境への取り組みを人間として生きるための「義務」と捉えるので、環境にかかる費用はすべて「コスト」と考えます。すべての人が犠牲的精神をもって分かち合うべきもので、企業は、利潤を圧縮してでも取り組まなければいけない必要経費としてそれを考えるべきだということになります。

後者の発想の場合は、新しいエネルギーの開発・発掘と捉えるので、人類共通の大事業となります。この考え方からすると、そもそも「環境問題」という発想そのものがおかしく、「環境政策」あるいは「環境革命」という言い方のほうがふさわしいでしょう。そこにかかる費用は勘定項目でいえば、「コスト」ではなく、「インベストメント（投資）」の項目に入るべきものでしょう。投資ですから、最初は開発費がかさみ、赤字に陥《おちい》るかもしれませんが、事業を継続し拡大させていくなかでコストが下がり、大きな収益を人類にもたらすものであると考えられます。

私はもちろん、後者の考え方で「環境」を捉えています。

今行われている環境への取り組みは、石油・石炭に代わる新エネルギー革命、合成樹脂に代わる新素材革命など、広い範囲の素材革命をも含んでおり、その意味で植物依存を脱するということであり、まったく新たな「グリーン革命」と表現できるでしょう。

これは人類にとって実に重要な大転換です。その滅多にない機会に我々は居合わせたことになります。19世紀半ばに石油の精製と内燃機関の発明がなされ、ほぼ同時期になされた合成樹脂の最初の発明（セルロイド）以来、150年間にわたってこの文明世界を支配してきたエネルギーと素材が新しいものに代わろうとしているのです。これが世界の政治と経済に及ぼす影響は、現時点では予測もつかないほどの大きなものになるでしょう。そして、誰が、どの国が、この「グリーン革命」の旗手となるかによって、世界の勢力図も大きく塗り替えられることになります。

日米の環境政策を見てみると

それでは現在、日本とアメリカの環境問題への取り組みはどのような状況になっているのでしょうか。

もちろん、日本でも、環境問題が重要な政治・経済上のテーマとして持ち上がっています。1997年に京都で行われた気候変動枠組条約締約国会議（COP3）以来、いわゆる「京都議定書」が世界の環境問題を考える上での一里塚となり、2009年夏、民主党新政権発足と同時に出された鳩山前首相の第一声が、あっと驚く「CO^2の25パーセント削減」でした。

鳩山前首相のこの発言の真意がどこにあるのか私にはわかりません。オバマ大統領の「グリーン・ニューディール政策」に触発されてのパフォーマンスなのか、それとも民主党の長い間温めてきた根幹の政策なのか……よくわかりません。

ただ、鳩山さんのふだんの言動からすると、思いが人類愛から地球愛へと発展し、環境への取り組みを人類の贖罪行為と見ていたのではないかと思えてしまいます。もちろん、地球愛そのものは議論するまでもなく美しいことなのですが……。

しかし、この25パーセント削減案に対しての政界・財界・メディアの反応は実に面白く、現代日本が内在している課題をこの反応から垣間みることができます。ひと言でいうと、政・財・メディアのトライアングルは「守旧派」です。あらたな局面展開をみせる環境問題への省察が甘く、環境と資源の複雑な絡《から》みを理解していないようです。

アメリカはどうでしょう。2008年のバラク・オバマ大統領の誕生と同時に「グリーン・ニューディール政策」が発表されました。これは、1929年の大恐慌のあとアメリカ経済の立て直しを目的にフランクリン・ルーズベルト大統領が提唱したニューディール政策を模してつくられたものです。

ルーズベルトのニューディール政策は、アメリカの伝統的な自由主義経済を捨てて、政府が大きな公共投資などを行い、経済の回復や雇用の増大を意図したものでした。同様にオバマのグリーン・ニューディールも、政府主導で再生可能エネルギーの開発のために約15兆円の予算をつぎ込み、５００万人の雇用をつくろうというアイデアです。

オバマはまた返す刀で、石油・ガス事業への増税、金融セクターへの様々な規制、金融商品に対する公的監査の強化など、ブッシュ時代には顕著だった石油資本との密着を切り、金融バブルを真っ向から否定する方向へと舵を切りました。

いったんアメリカが舵を切ったときの力はばかにできません。電気自動車の開発に対する政府の補助金、たとえばガソリンスタンドの電気スタンドへの切り替え費用など、日本では想像もつかないほどのお金がスピードをもって動き、そうして一気に形勢を逆転させ、アメリカの自動車産業の再生が計られることもあり得る、と考えるべきです。

環境問題の本質は何か

さて、このカーボンフリー（脱炭素）社会、すなわち化石燃料に依存しない社会のことを語るには、その前提として石油の採掘可能年数について知る必要があります。

石油の埋蔵量に関しては昔から諸説あります。調査結果が発表になるたびに可採埋蔵量が増える傾向にあり、採掘技術との関係でも大きく変わってきます。それでも平均的な数値をとると、現在のところ採掘可能年数はあと35年ぐらいだろうといわれています。サウジやイラクなど中近東地域では90年近く続く可能性がありますが、アメリカは15年ほどしかなく、まもなく全面輸入国になると予想されます。

つまりオバマ大統領のグリーン・ニューディールは、地球環境うんぬんをいう前に、このへんでアメリカのエネルギー政策の転換を進めないと、国家としての存亡にかかわる事態になりかねないということの表れでもあるのです。

今まで自国である程度生産されていたものが消滅するということは、産業界にとっても政府にとっても、まったく未経験の領域に突入するわけですから、日本のように初めから100パーセント輸入に依存していた国とは事情が大きく違います。

さらに付け加えるならば、アメリカはこのグリーン・ニューディール政策を世界に向けて発表したことにより、自分たちが次にくるグリーン革命時代の覇者として地球上に君臨し続けることを宣言したのです。

変わったのは、アメリカだけではありません。

驚くことに、世界で一番埋蔵余年のある中東のUAE（アラブ首長国連邦）などが、最近脱石油ビジネスに強い関心を示し始めました。ここも、注目すべき点です。

ドバイ政府は太陽電池パネルの製造に大変興味を示していますし、アブダビ政府は220億ドルの巨費を投じてアブダビ市のすぐ隣にマスダール・シティーというカーボンフリーの町を建設中です。そこではガソリン車など石油で動くものはすべて禁止されるのみならず、電力の

UAE国アブダビのマスダール・シティーの鳥瞰図（Masdar Initiative）

供給も石油を使わずに行おうとしています。

なぜ、そこまでして中近東の産油国がカーボンフリーを目指すのでしょうか。

それは、やがて来る石油枯渇時代に備えるということもあるでしょうが、それとて100年先の話ですから、そこまで今真剣にやる必要があるのでしょうか。私が考えるに、おそらく彼らは、アメリカの石油が枯渇したあとの世界がどうなるかに注目しているのではないでしょうか。

すなわち、今後十数年の内に生ずる、石油資源の枯渇による世界の政治的不安定が危惧されるなかで、中東諸国にとっては自国の政治的・経済的自立が死活の問題と映っているのでしょう。

今でも中東は世界の火種になっていますが、

天津エコシティーの鳥瞰図（Surbana International Consultants）

世界の石油の需給バランスの変化は、この地域にいっそうの不安定をもたらす要因となって襲いかかると彼らは考えているはずです。そうした事態に備えて原油以外に経済の基盤をつくると同時に、国として世界の環境保全に貢献しているという崇高な国家理念を行動で示す必要があると考えているのでしょう。

それでは中国はどうかというと、やはり大きく動き出しています。

天津エコシティー（3・5兆円の投資）という巨大な都市づくりプロジェクトをはじめ、13もの都市で同様のエコシティー構想が持ち上がっています。その投資総額は実に60兆円になるといわれています。口の悪い人は、中国のエコシティーは単なる不動産事業だといいますが、それにしても、それだけの投資が行われれば、確実に中国の環境ビジネスに勢いをつけることができます。

残念ながら日本には、これだけのスケールを持って取り組まれている計画はまだありません。すでにこの時点で、日本は一歩も二歩も遅れているのです。

また、中国はご存じのように、その膨大な獲得外貨を背景とした資金力で世界の資源を手に入れようとしており、このことも、見逃せない動きです。

中国は、原油のみならず世界の鉱物やレアメタルなどを手に入れるべく、アフリカ、中東、豪州、中南米などの国々に対し政府援助と投資を積極的に行っています。もちろん資金をつぎ込むだけではなく、その政治力もうまく使い、イラン、スーダン、ミャンマーといった国に対しては、国連総会でもそれらの国々の盾となって彼らを守る姿勢さえも見せます。こうした中国の政治的姿勢の裏には、明らかに資源確保の目論見がひそんでいます。

こうして世界の環境問題への対応を子細に眺めてくると、実は環境問題とはすぐれて資源問題でもあることがわかってきます。

CO_2排出量取引制度のインパクト

私が「日本はヘンな国だな」と思うのは、このCO_2削減とカーボンフリー社会の実現を日本の産業の一大転換期と捉える発想に欠けていることです。新しいエネルギーの創生とそれを使った新しい産業を開花させる絶好のチャンスなのに、どうしてそう捉えられないのか、という歯がゆさです。

科学者の中には、地球は温暖化に向かっているのではなく、むしろ氷河期に移行しているとか、CO_2が温暖化の原因ではないとして、CO_2排出規制そのものに異議を唱える人もたくさんいます。そういう論理を振りかざす学者たちからすれば、CO_2排出規制や代替エネルギーの開発などはとても無駄なコストに見えていることでしょう。

何度もいうように、CO_2の削減は表面的には地球温暖化にどう対処するかという地球的課題から出ているように見えますが、その本質はエネルギー問題です。日本としては、世界の世論をその方向に引っ張っていくべきです。化石燃料資源を持たない日本にとっては大変都合のよい時代がやってくるのです。なぜそう考えないのでしょう。

また、CO_2が地球の温暖化に関係あるとしても、今の時点でそこまで考える必要もないとか、日本だけ先行するのは、国民にCO_2削減のために生活コストの負担増を強いるという議論もよく見かけます。その究極が、$CO_2$25%削減によって一般家庭の家計が36万円の負担増になるというお役所の試算であり、それを錦の御旗にして日本のCO_2削減に関する独走を食い止めようとする政治家の姿勢です。

これは、この章の最初に述べた「環境＝コスト論」の典型で、CO_2削減を「コスト」として捉える大変ネガティブな発想です。日本の今日抱える経済停滞の根源は、こういう発想の裏に隠されているのです。

たとえば風力発電によって一時的に電力コストが上がることはあるでしょう。しかし、まったく新しい風力発電という産業が新たに興るのです。これに関連する多くのインフラへの投資や雇用は確実に日本経済の活性化につながります。

電気自動車でも同じことがいえますし、また、将来的には鉄鋼業などでもまったく新しい技術や新しい金属の出現などがあるでしょう。それによって新たな産業が生み出され、大きな雇用が生まれます。ですからそれは、「コスト」ではなく、国民すべてが関与する「投資」と考えるべきなのです。このような新産業が生まれるチャンスはそうたびたびは訪れません。

温室効果ガスの削減は新しい産業を興すだけでなく、国家間の取引の材料ともなり、為替に代わる存在になる可能性もあります。いわゆるCO_2の排出量取引制度（カーボン・クレジット）といわれるもので、排出量の削減ができない国（企業）が削減できた国（企業）から排出権を買うという制度です。

また、「炭素税」のような新たな税制が、国際間の取り決めで導入される可能性もあります。こうなると、いくら人件費が安くてもCO_2排出量の多い工場では製品コストが高くなってしまうということにもなります。

そうなると、現在は国際間の商取引にもっとも多く使われている主軸通貨のドルの価値が相対的に低下し、新しい通貨交換基準を求める声も合わさって、排出量取引そのものが新しい国際通貨基準として浮かび上がってくるかもしれません。

そうなれば、環境技術をより多く持った国が世界の覇権を握ることは明らかです。そのとき、環境技術は「地球にやさしい技術」といった生やさしいものではなく、国に富をもたらし、社会を発展させる最大の原動力となるのです。

日本企業の取り組みは

これはまさに千載一遇のチャンスですが、そこで心配になってくるのが、日本企業の取り組みです。

先日、東京で行われた環境博覧会を見に行ってきましたが、そこで今の日本の環境技術に関する二面性を体験することになりました。

会場の中央部は当然ながら大企業の大きなブースがたくさんあるのですが、これがなんとも面白くありません。ブースの中央にハイブリッドカーやソーラーパネルがどんと展示してあるのですが、詳しい説明もなければ、それらの技術の発展により未来の産業や生活がどう変わるかを示唆するものは何もなく、さらに最悪なのは、大きなスペースを使い自社の環境に対する取り組みをパネル表示しただけの大企業が多数あったことです。

大企業がいろいろな面で省エネの努力をしているとか、環境に配慮したパッケージを使っているとか、植林活動をしているとかPRしているのですが、どれも結構なことで、企業として当然やっていただきたいことには違いありませんが、それはエコ活動報告ではあっても、環境エキスポの展示とは違うのではないでしょうか。

これは、日本の企業が環境問題をまだ「取り組み」としか考えておらず、むしろそのような場を自社のPRの場として捉えていることの証明です。前述の「環境＝企業義務」の考え方からきており、彼らにとっては自社の環境活動を訴えるためのコストは広告宣伝経費と同じ扱いになっているのです。

一方で、会場の隅のほうに小さなブースを出している中小企業が多くありました。ここが素晴らしいのです。ほうー　と唸らせる面白い技術がたくさんあったのです。

太陽光発電と蓄電を応用した様々な商品、断熱ペイントを使った新しい省エネ技術、気化熱応用の空冷機、壁面植物緑化、省エネ型の送電ネットワークなど、どれも感心させられる技術ばかりでした。

中小企業にとっては、こうした展示会は自社技術の発表の数少ない機会で、おそらくはなけなしのお金をはたいて小さなブースを開いているのでしょう。当然のことながら、彼らは新しい商品の開発に着手する資金も乏しいだろうし、毎日の資金繰りにも苦労していることでしょう。日本版グリーン・ニューディールがあれば、彼らをもっと生き生きとさせることができるのに、そう思うと残念でなりませんでした。

EV（電気自動車）と水平分業

戦後ゼロからの復興を遂げた日本は、「ゼロベース」のスタートを得意としていたはずです。日本の自動車業界がこれまでガソリンエンジンの開発に費やした金額は膨大であり、その開発費や製造工場の償却にはまだ何年もかかると想像できます。だからといって、新しい時代の到来を前に、世界の動きにしぶしぶ後追いするというのでは、なんとも残念です。ここは得意の「ゼロベースのスタートライン」につくべきです。

電気自動車時代の到来で大きく変わるのは、次の二つだといわれています。すなわち、
「誰でも簡単に自動車をつくれるようになるので、今まで裾野が最も広く、参入障壁の高い産業といわれてきた自動車産業への新規参入が容易になる」
「中国が最後まで遅れをとっていた工業生産品の代表格であった自動車が一転、中国の代表的な生産品目の一つになる」

ここでも、どうやら中国が主役になるような気配です。

では、どうして電気自動車の生産が容易になるのでしょうか。その疑問への答えは、「水平分業」です。電気自動車のような製品にとっては理想的な生産構造を提供してくれるのが水平分業の仕組みなのです。

それを詳しく語る前に、今までどうして自動車産業の参入障壁が高かったのかを考えてみましょう。

これはもう多くの人が語り、一般化されていることで、ことさら私が言うことではありませんが、自動車というのは、「すり合わせ技術」でできています。何と何のすり合わせかというと、エンジンという内燃機関と複雑な構造のメカニズムとエレクトロニクスのすり合わせです。

エンジンはご存じのようにガソリンを燃やすわけですから、燃焼室のちょっとした構造の違い、ピストンの摩耗の度合い、ガソリンの成分の違い、あるいは天気や温度の違いでも燃え方が変わってきます。しかも、高温の燃焼室の温度を下げるために使われるのが、これまた水という極めて不確定に形状も温度も変化するものです。

ものすごい高温で燃焼し、かつ微妙に変化するものを、エレクトロニクスという「０・１」の数字で動くソフトウェアでコントロールしているわけです。さらに、エンジンでできたパワーを最終的にはタイヤに伝えるのですが、それは効率的にしかも安全を配慮した伝え方でなければなりません。

エンジンでできたパワーはまた、発電にも使われ、つくられた電気は自動車内のいろいろな機器を動かすのに使われます。ワイパー、ライト、計器盤、ナビ、オーディオなどです。

いいかえると、ガソリンや水という流体と、エンジンや足回りなどのアナログなメカニズム、そしてエレクトロニクス技術、この三者の「すり合わせ」なのです。

この技術はすべてマニュアル化できるようなものではなく、熟練工の匠の技が重要な要素となっています。しかも、これだけの合わせ技を行うためには大きな工場、大きな投資が必要になるので、これも新規参入を困難にしている理由の一つでした。

さて、そこで、これがEV（電気自動車）になると、エンジンが内燃機関からモーターに代わるだけで、それほど大きな変化を産業全体に及ぼすのだろうかという疑問が湧いてくると思います。これには、イエスの部分とノーの部分があります。

電気の世界では、性能はすべて数値で表されます。回転数、消費電力などがそれで、どれだけの長さのコイルを巻けばどのくらいのパワーのモーターができるかもおおむねわかります。バッテリーにしてもそうです。基本的には、構造がほぼ同じであれば、同じような性能が出てきます。

しかもガソリンエンジンの場合と大きく違うのは、エンジンを置く場所がボンネットの中あるいは座席の後ろなどに限らないのです。最終的にエンジンの回転力を車の推進力に変えるの

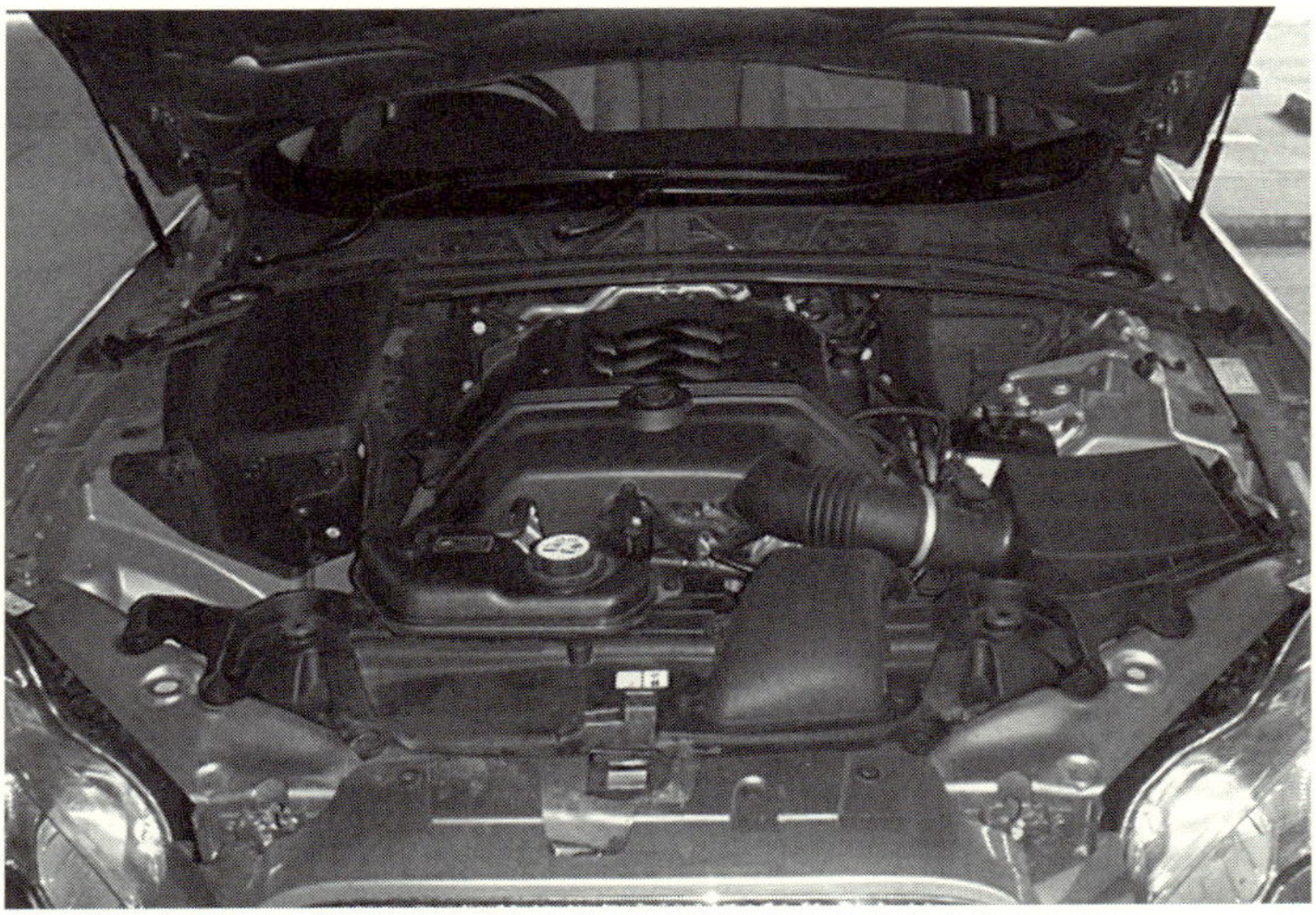
このボンネット内からエンジンやラジエーターをとり除いたらどうなるか。

は道路と接する車輪ですから、車輪から遠いところにモーターを置けばそれだけ力の伝達ロスが発生するので、ＥＶではそれを避けるため車輪の中にモーターを組み込むことができるようになっています。

車のボンネットを開けてあの複雑極まりない機器類の重なりあった得体の知れない構造を見ると、誰でも自動車の値段が高いのも無理はないと思いますし、これをつくる工場はとてつもなく大きいのだろうと想像します。しかし、あのボンネットの中からエンジンとキャブレターと排気管とラジエーターがなくなった姿を想像してみてください。ボンネットの中はほとんどカラになってしまいます。あの複雑で得体の知れないボンネットの中身こそが、「すり合わせ」技術の正体なのです。

つまり、電気自動車では、この「すり合わせ」技術が不要になるのです。これは革命といってもいいほどの大きな変化で、まぎれもなくイエスの部分です。

ノーの部分でいうと、EVでも足回りの部分以外はガソリンエンジン車とさして変わりはありません。自動車には乗り心地や居住性が大事ですし、最近はカーエレクトロニクスの進歩で、運転すること、車内で時間を過ごすこと自体の楽しみも増えています。そして何よりも外形のデザインも車を買う際の重要な要素の一つです。

EVになるとエンジンやバッテリーを置く場所が自由になるので、デザイン上の自由度が増しますから、カーデザイナーにとってはこんなに楽しいことはありませんし、ここは商品の差別化がしやすい領域です。

それでは、このようなEVが現実に水平分業化されるのかといえば、しやすくなることは事実です。EVにどんな特別なモーターが必要なのかは定かでありませんが、少なくとも現在家電業界で使われているようなモーターはすでに水平分業化されています。つまり、世界にはモーター専業メーカーがたくさんあるということです。さらに、リチウムイオンバッテリーもそうですし、その他車載用の電気・電子部品はすでに今でも水平分業化されています。

あとは車体関連ですが、これは大きなものですから、金型プレス一つとっても大きな投資が必要になってきます。ただしそれも、半導体工場などの投資に比べれば小さいものですから水平分業化ができないものではありません。

しいて難しいものといえば、この壮大な「組み合わせ」産業は、その壮大さゆえ、そうやさしい組み合わせではないということかもしれません。携帯電話が１００ピースのジグソーパズルであったら、ＥＶは１０００ピースのジグソーパズルですから、それだけ簡単ではないということでしょう。

いずれにせよ、中国がＥＶ化を国内自動車産業の大活性化のために最大限利用しようと考えていることは明白です。その際は、中国の得意な水平分業の生産体制で、これまでのように自動車のコモディティー化を推し進めることでしょう。これは誰にも止められません。

そんな転換期を迎えた自動車産業であっても、まだまだ日本が新たな開発を行い、世界をリードする技術を育てる余地は大変大きいと私は思っています。

しかしその可能性も、旧産業を守ろうとした瞬間から芽が摘み取られてしまいます。

また電気自動車は大メーカーだけのチャンスではありません。日本のベンチャー企業がこれで勢いづいてくれれば素晴らしいことです。現に慶応大学の清水浩先生の始めた「ＳＩＭドライブ」(http://www.sim-drive.com/company/index.html) というベンチャーなどもすぐれた技術を持っています。重要なポイントは政府がこのようなベンチャーをどのように支援するのか、日本の成長戦略上、ベンチャー企業の役割をどう定めるのかということです。

なにしろ、化石燃料の廃絶あるいは減少は自動車産業にとどまらず、省力化を必要とするすべての産業に新しい技術やビジネスの可能性を約束します。

グリーン革命の軸は再生可能エネルギー

冒頭にも述べましたが、日本はハイブリッド車で世界をリードしているから、日本は環境先進国だなどとはゆめゆめ思わないでください。

日本は確かに一部の省エネ技術では先進的な部分もありますが、小さな省エネ技術の積み重ねではグリーン革命は達成できません。

「温室効果ガス」の削減の基本は、ここが最も肝腎なところですが、再生可能エネルギーへの転換をはかることなのです。

再生可能エネルギーとは、文字通り、使っても基本的になくなることのないエネルギーのことです。具体的には太陽熱、太陽光、水力、風力、海流、地熱などで、それにバイオ燃料を入れてもよいでしょう。日本はここで世界に遅れをとっているのです。

ドイツでは2000年に「再生可能エネルギー法」が成立し、2030年までに再生可能エネルギーの割合を全体のエネルギーの45パーセントまで持っていく計画です。京都議定書にあれだけ後ろ向きだったアメリカでさえ、2030年までに再生可能エネルギーの割合を15パーセントまでに引き上げる計画を持っています。しかし日本のエネルギー庁の目標は、2014年までにたったの1・63パーセントです。

さらにいうと、風力発電量では日本は世界で13番目、中国やインドの下にいます。太陽光発電についても2005年にはドイツに越され、やがてアメリカにも抜かれます。日本では化石燃料に代わるものとして原子力が取りざたされていますが、原子力は再生可能エネルギーではありませんし、別の意味（放射性廃棄物）でクリーンなエネルギーとはいえません。

これらの数字を見ると、ドイツはグリーン革命の優等生のように見えますが、お国の事情はそう単純なことではなく、クリーン電力の買い取りのために多大な財政支出が必要で、それを補うために、国民には高い環境税を強いています。どこの国でもそうですが、税金と選挙の票は反比例しますし、政治家は国の将来ビジョンと国民の現実の生活というほぼ相反する問題を常に抱えているわけですから、その塩梅《あんばい》が大変なのです。

ともあれ、再生可能エネルギーは時が経てば必ず必要となり、必ず採算に合う経済性を持ったものになりますが、それには時間が必要です。ドイツにおいても、それまでの期間はクリーンとはいえないけれど、生産コストの比較的安い原子力発電を復活させたりしています。投資には実を結ぶまでの時間が必要ですから、国としてどこまでこの投資に耐えられるかも大きな課題です。しかし、政治家あるいは政党が少なくとも自国の将来に対するビジョンを持っていることは素晴らしいことです。日本にもこのような法案をつくる政治家の知恵と勇気を求めたいものです。

再生可能エネルギーのビジネスチャンス

グリーン革命はもちろんエネルギーだけに特化したものではありません。水や土壌の浄化・再生も重要です。

世界には水のない国がたくさんあります。中近東の国ではどこも人口が爆発的に増えていて、砂漠に住む人たちにとっては国土の緑化は夢のような話です。最近では地下数千メートルまで井戸を掘り、緑の原野をつくって酪農まで行っています。

しかし、現在までのところ、大部分の淡水は淡水化プラントにより海水から摂取しています。当然のことながらこの淡水化プラントを動かしているのは燃料としての石油です。そのプラントの多くが日本の会社によってつくられましたが、今度は汚水の再生による淡水化事業を中東各国が計画しています。

一見、水にはまったく困らなそうなシンガポールのような国でも淡水化は重要政策の一つに入っています。シンガポールは国土が狭く、雨量は多くとも湖や川はほとんどありません。そのため、長年にわたって隣国のマレーシアから水道管を引いて水を買っていました。しかし、これは国防上も国政上もうまくありません。水の需要が増したときに政府間の長期の交渉を経なければ送水量が増えないのでは国の発展に支障をきたします。

シンガポールも海水の淡水化プラントを持ってはいますが、これも基本的に輸入石油に依存しなければならないので、近年になって机上に上がったのが汚水の再生処理です。小さな国土に人口が集中している都市国家では、このような新しい技術の実用化が簡単に行われます。日本は、このような決断の速い国に自国の技術をいち早く持っていくべきです。

また再生エネルギーは、先進国だけに必要なものではありません。たとえばインドやインドネシア、バングラデシュなどには、無電化村といわれる村々がたくさんあります。そういう地域にも携帯電話は普及し始めましたが、電気が通っていないので充電ができないのです。あるいは広大な田畑があるのに、灌漑用のポンプを動かす電源がないのです。国がインフラ整備をして送電線を引いてくれるまで何年かかるかわからない。そんな村は、世界にはまだいくらでもあります。

こうした無電化村には、太陽光発電や風力発電は理想的です。最初はコストの問題もあるでしょうが、太陽光発電のようなものは液晶テレビのパネルと同じように大量生産でどんどん安くなります。ですから、こういうところにも再生エネルギーのビジネスチャンスがあるのです。

日本に最大のチャンスがめぐってきた

技術は現場を持たなければ発展させることはできません。日本が環境整備のための新しい法案を次々と通してくれれば技術もどんどん進化します。しかし、そういう状況にないのでしたら、企業は外に出て自らの技術を鍛えるしかありません。

環境技術に関して日本が世界の中でも進んでいると考えるのは間違いです。今や日本の環境技術は、ワールドカップでいえば予選リーグも通過できないぐらいの実力なのです。ですから、企業自らが厳しい環境の中にわが身を置き、技術に磨きをかけなければならないでしょう。

かつて、日本は今と同様の経験をしています。排ガス規制で有名なカリフォルニアのマスキー法（１９７０年）、あれのおかげで日本の自動車産業はよりクリーンなエンジンをつくろうと努力し、世界で最もクリーンで燃料効率のよい自動車が日本メーカーの手で生まれました。あるいは、アメリカでテレビや車のダンピング規制が敷かれたために、日本の家電メーカーや自動車メーカーはアメリカでの現地生産を開始し、アメリカメーカーをはるかに凌駕する製品を米国内でつくるようになったのです。苦境に立たされたときに発揮される日本企業の知恵とサバイバル精神のなせる業《わざ》でした。

ですから今回も、厳しいCO$_2$削減の枠を自ら課すことによって、日本の産業界が不死鳥のように蘇る最大のチャンスがめぐってきたと考えるべきなのです。

私は「はじめに」のところで、２０１０年からは過去の金融の10年に代わって環境の10年の山がくるといいましたが、これは正しくは「この10年で勝負がつく」と考えていただきたいのです。

再生可能エネルギーは、一度化石燃料にとって代われば、ほとんど半永久的に地球の存在する限り続くでしょう。なぜなら、それに代わりうるものを誰も思いつかないからです。

今、我々がどっぷり浸かっている化石燃料による文明生活とは、具体的な製品でいうと、自動車、電車、電気、暖冷房、パソコン、携帯、テレビなどであり、それらなしの生活はとても考えられません。しかしそれも、わずか１５０年ほどの期間に生まれたもので、人類の長い歴史から見ればつかの間の期間です。我々がテレビで楽しんでいる時代劇の昔にはそんなものは一つも存在しませんでした。

そう考えると、化石燃料が永遠のエネルギーであるなどと考えたことは実に愚かしいことでした。読者のみなさんの年齢がいくつであっても、孫の時代には化石燃料の時代はほぼ終わっています。それだったら今のうちに、日本が環境ビジネス・再生可能エネルギーのチャンピオンになることを目指したいし、そうしなければなりません。正直、やや出遅れた感はありますが、まだまだ巻き返しは可能です。

これからの10年。それが面白いし、勝負です。
オバマのグリーン・ニューディールなにするものぞ！
あなたがそう思ったときに、日本は変わることができます。

【第4章】

モノづくりから「コト興し」へ

求められるのは、「事業化」による「コト興し」

多くの場合、モノはつくられることによってその価値が生まれるのではなく、そのモノが売られることによって初めてその価値が対価をともなって体現されます。

つまり、ここまで「モノをどうつくるか」から「どうつくらせるか」に転換させるべきだという話をしてきましたが、さらに大切なことは、つくらせたモノを「どう売るか」ということです。

それは単純にモノを店先に並べればよいということではありません。

モノは時代とともに複雑化し、使われ方によって使用価値も異なってきます。モノはソフトやアプリケーションによってその利用価値が大きく変わってきます。モノにはあらゆるサービスがついて回り、その良し悪しで評価価値も変わります。モノには物流や配信やアフターサービスなどが必要です。そして多くのモノにはブランドがあり、ブランドは商品価値を高めることも低めることも、また使用する人のライフスタイルまでも左右することがあります。

すなわち、モノは今や、つくられる過程よりも、売られる過程においてその価値が高められるのです。

ですから、売るための構造・仕組みをつくることが最も付加価値を高め、企業の利益につながるのです。その仕組みづくりこそが、私の言う「事業化」です。

そして、様々な「事業化」を通した経済活性化の策を、私は「コト興し」と総称したいと思います。

しかし、実はここが、日本の最も不得意とするところなのです。良い製品をつくって、そこでおしまいではダメなのです。今や良い製品は他人につくらせることができるのですから、それを使って事業を起こし、収益を生む構造をつくり出すことこそが、今求められているのです。

たとえば、日本が台湾に売った新幹線。事業のスタートは一年以上も遅れ、開業後もトラブル続きだそうです。日本自慢の新幹線も、ハードだけを売ったのではその実力を発揮できないのです。

なぜこんなことになったのか、理由は明らかです。台湾新幹線の場合は複雑な政治的配慮の中で、路線工事は韓国、線路の主要部分はドイツ、運行のためのシステムと運転手の訓練はフランスという具合に分散発注されてしまったからです。これではまともに動かないのも容易に理解できます。電車を安全に動かすためには関連するこれらの事業すべてを一括してコントロールしなければならないのは明らかですし、そもそも車両だけを売るビジネスで本当に儲かっているのでしょうか。

日本の新幹線（在来線もそうですが）の最大の売りは、安全かつ正確な運行です。それを成し遂げるのは車両というハードではなく、優秀なシステムとオペレーションなのです。その肝心な部分を他国の企業に渡すなど論外です。

もう一つ挙げましょう。「水事業」です。日本の水道水のおいしさと安全性は外国に行ったことのある人なら誰しも実感するところです。

各国では今、水道事業が次々と民営化され、それにともない国際的な競争が世界中で繰り広げられています。この分野で強いのはフランスの「ヴェオリア」や「スエズ」、イギリスの「テムズ・ウォーター」といった企業です。80年代に国営事業の民営化に踏み切った欧州は、この水道事業においても世界市場を制する企業を生んでいます。

特にイギリスでは、80年代から90年代にかけて老大国化したイギリスを活気づける目的で時の首相のサッチャーが大胆な民営化政策をとりました。その中核にあったのが水道事業で、イギリスでの民営化はフランスに飛び火し、やがてＥＣの統合と共に両国の水事業会社の合従連衡があり、ますます強力な会社に育ちました。

水道ビジネスは世界では１００兆円にも達しようという巨大ビジネスです。ところが日本は、ご存じのとおり、地方自治体が水道の管理を行っており、おかげで我々は何の疑いもなく、「水と空気はただ」と思い込み、快適な水環境を満喫しています。

しかし、これが一歩海外に出ようとすると、日本の水事業はまったくコスト競争力のないものだったのです。そもそも、今はまだ、地方自治体が日本の外へ水道事業を売り込みに行こうなどとは考えてもいませんし、民営化なくしては、それもかないません。

それどころか、今では逆に、日本の水事業そのものに海外の水会社が参入を始めています。水事業の民営化に関しては、その模索と検討がやっと始まったばかりですが、郵政の民営化でこれだけ手こずっているわけですから先が思いやられます。世界の水事業の趨勢《すうせい》を知らない国民の間では、水道の管理・運営を私企業に任せるなんてとんでもないという議論になるのではないでしょうか。

日本の水はおいしいばかりでなく、その漏水率をとってもロンドンの20パーセントに対して日本は3パーセント程度ということで、オペレーション的にも優れています。ところがそのオペレーションをさらに効率化し、事業化して海外に売り込む発想は今の日本にはありません。ですから、漏水率20パーセントの国の企業に太刀打ちできないのが現状です。

民営化がいかに大事かはいうまでもありませんが、ここでも「事業化」が重要な課題であり、世界に伍して戦うための大切な要素なのです。

「事業化が求められる」というのは、つまり、そういうことなのです。

中国の巻き起こすデフレ台風

日本が「モノづくり信仰」から離れ、「コト興し＝事業化」に向かって舵を切らなければならない理由はまだまだあります。その一つが、やはり「中国」です。

世界の工場・中国への生産の集中は、これまで書いてきたこととはまた別の問題も引き起こしています。日本では今モノの値段が下がり、モノに食傷気味の消費者に対しこれでもかと商品を押しつけています。これは、完璧なデフレ状況です。しかし、今後このモノ余り現象が世界レベルで起こる危険性もあるのです。それが、中国での過剰生産に源を発するデフレです。

中国政府の工業化政策推進の中心思想にあるのは「雇用」です。

中国にこれだけ多くの工場ができたといっても、まだまだ農村部には労働力が余っています。中国ではいわゆる農民戸籍の人たちがいまだに人口の7割を占めていますが、基本的に小規模農業ですから爆発した農民人口を農業だけで支えることはできず、製造業への吸収が求められているのです。

この農民戸籍の制度そのものにも問題が多く存在します。一般に農民には高い税率がかけられていたり、農民戸籍の人が原籍地以外で子供を育てることができないとか、健康保険も原籍でしかおりないとか、農民を農業に縛りつけておく制度が残っており、中国近代化のネックになっています。しかしながら、中国の一戸あたりの農地面積は狭く、子供たちは農業に従事できないので、いわゆる農民工となって都市の工場で働くことになるのです。

ですから中国では、大きな労働力の吸収源である工場進出は常に歓迎されます。工場はいくらでも欲しいのです。

それにしても近年の中国の設備投資の伸び率は20パーセント前後という高いものになっており、GDPのそれをはるかに超えています。いくら中国といえども、これでは過剰設備になります。鉄鋼・セメント・ガラスからテレビ・自動車にいたるまで、需要の一・五倍から二倍ぐらいの生産設備をすでに持ってしまった分野はいくらでもあります。

そしてこの需要が、中国の場合は必ずしも中国の国内需要ではなく、世界需要を前提にしていますから、こうした中国の過剰生産は世界をデフレの渦に巻き込む危険性があります。中国という超巨大製造マシーンが、ありとあらゆる商品をコモディティー化して世界へ吐き出しているからです。

こうした状況の下では、日本がモノそのもので戦うことは非常に難しくなります。だからこそ、モノをつくって右から左に売るビジネスから脱し、モノを介在させたオペレーションやサービスで儲ける術、すなわち「事業化」が大事になってくるのです。

何が「事業化」できるのか

さてそこで、では日本で「事業化」できるカテゴリーは具体的に何なのか、という話に移りましょう。

ビジネスの中には、当然のことながら直接的に工業製品に依存しないビジネスもたくさんあります。広い意味での「ソフトビジネス」や「サービスビジネス」がそれに該当します。実は日本は、この分野ではユニークで品質の高いビジネスをたくさん持っています。

まず「ソフト」の分野でいうと、ご存じのアニメやファッションや音楽などの分野が挙げられます。日本の「お家芸」ともいえる得意の領域ですが、ここでも日本はその事業化がうまくできないで苦しんでいます。つまり、宝の持ちぐされです。

たとえば、私が多少聞きかじった音楽のビジネスでいうと、日本では出版社やレコード会社の販売ルートに乗りさえすれば、ある程度は自動的にマーケティングされ、それなりの売り上げになりますが、これが海外となるとそうはいきません。出版社・メディア・レコード会社などへ、一から売り込みをしなければなりません。

日本ではCDの販売や音楽配信で最大の利益を期待します。コンサートは、費用がかかるので宣伝活動の一環ぐらいにしか考えておらず、そこで大きな利益をとろうとはしていません。

輸出額の国際比較

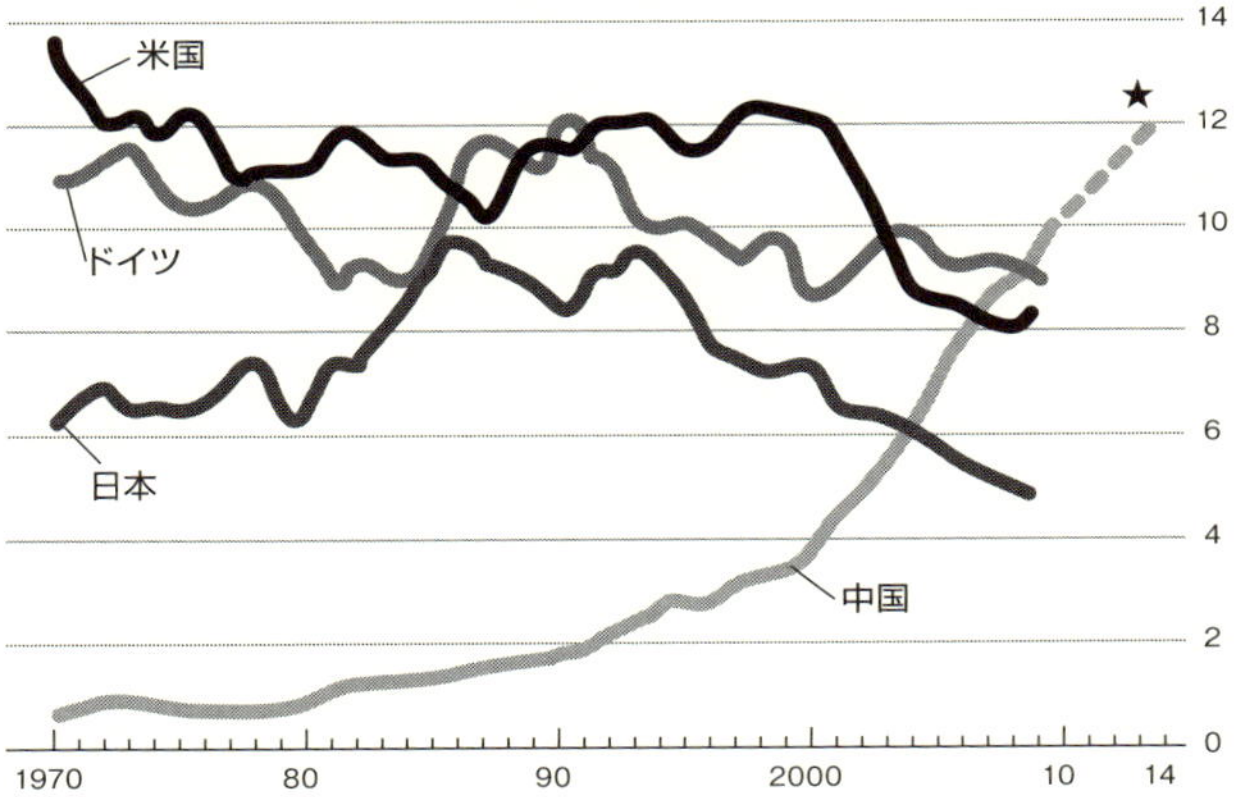

WTO;IMF;CEICの資料より　★予測

モノづくりが日米欧から中国へ移ったことを如実に示している。

しかし、このビジネスモデルは中国ではまったく通用しません。

理由は明白で、街で売られているCDはほとんど海賊版ですし、ネットからは世界中のあらゆる歌手の新曲を即座に、無料でダウンロードできます。そんな国でCDは売れません。それでは香港や台湾の歌手はどこで収益を得ているのかといえば、日本とは反対に、コンサートです。日本では儲からないコンサートこそ、中国では一番重要な収益源なのです。

また、中国では思いのほか韓国の歌手の名は知られていますが、その理由は「冬のソナタ」に代表される韓国産テレビドラマの主題歌を歌っているからです。日本と同様に、中国や東南アジアでも韓国のテレビドラマがゴールデンタイムを席巻しています。その副次効果がこういうところにも現われていたのです。ここでも、日本は従来のビジネスモデルを変える必要があります。ともかく、こうしたソフトビジネスのポテンシャルは量り知れないほど大きいものです。

次にサービスビジネスですが、実はこれも日本が世界をリードしている領域なのです。たとえば結婚式ビジネス。

セレモニー化した今の日本の結婚式は、ときとしてわずらわしいと思わないでもないですが、これほど演出たっぷりで、3時間ぐらいの中に式次第がコンパクトに詰められたイベントは日本独自のものです。結婚する本人・家族・出席者の脳裏に強い記憶として残り、皆が満足する結婚式――こんなセレモニーは世界のどこにもないでしょう。

中国の結婚式は主にレストランなどで行いますが、それなりに費用はかけているものの、あまり印象には残りません。招かれたお客さんは三々五々集まり、勝手に食事をして、食事が終わればカラオケをやる人もいれば、麻雀を始めるテーブルもあります。ゲストのスピーチもなければ、あの両親を泣かせる新郎新婦の「感謝の言葉」みたいなシーンもありません。本人たちは別の日に街のあちこちにある写真屋さんへ行って二人だけの写真を撮りまくります。その写真だけが、唯一の結婚の証です。

インドでも結婚式は一大イベントですが、中国と同じくレストランや自宅で行われる食事会がメインです。ときにはそれが何日にもわたって行われ、見ず知らずの人も含めて食事がふるまわれ、いつ始まっていつ終わるのかも定かでありません。そんな冗長な結婚式が当人たちにとって楽しいはずもありません。インドも新しい考え方の世代が増えるにつれ、もっといい思い出になる印象深い結婚式が求められるようになるでしょう。

一般にアジアでは、結婚式にかける費用はその所得に比して大変大きいものがあります。アジアの結婚式関連ビジネスのトータルは数十兆円にはなるでしょう。このビジネスこそ、日本企業の独壇場になってもよいのではないでしょうか。

ほかにも介護施設・サービス、葬儀場、保育園事業、スポーツ教室、料理教室など、どれをとっても在日の外国人が自国にこんなサービスがあったらいいのにと思っています。そんなサービスが、日本にはごろごろ転がっているのです。

我々日本人が当り前と思っている「ソフト」と「サービス」のビジネスが、大きな可能性を秘めながら世界に出るチャンスを待っています。

「食で世界制覇」も夢ではない

アメリカのＢ級グルメの定番といえば、ハンバーガーやフライドチキンです。この誰にでもつくれそうな食べ物がまたたく間に世界中へ広がり、しかもマクドナルドやＫＦＣ（ケンタッキーフライドチキン）といった寡占《かせん》企業が生まれています。

これと同じような勢いで海外に広がっている日本食は「回転寿司」ぐらいでしょう。しかし、回転寿司は日本国内を除いてはチェーン店展開ができていません。ローカルな地元企業による小規模経営がほとんどです。だから、海外では美味しい回転寿司に出会いません。

アメリカ人はイタリアの「ピッツァ」もメキシコの「タコス」もチェーン展開して世界中に広げました。この伝でいけば、回転寿司もいつアメリカ資本のチェーン店が出てきてもおかしくありません。こと食に関しては日本がイチバンと自負する日本が、「寿司」で後れをとったら何をかいわんやです。日本の外食企業にも、少しは海外へ目を向けてほしいと思うのです。

私は、正直いって食にはまったくこだわりがないので、米の飯じゃないとダメとか、世界中どこに行ってもすぐ日本食を食べたくなる人種ではありません。どこの国に行ってもその地の料理をエンジョイできるタイプです。しかし最近は、本場のフランス料理もイタリア料理も中華料理もさほどではなく、むしろ日本が一番美味しいのではないかと感じています。

特別に高級なレストランに行けば美味しい本場ものを賞味できるのかもしれませんが、日本がいいのは、そこそこのレストランで十分満足のいくものが食べられることです。とりわけ素晴らしいのがB級グルメです。

その証拠に、日本にいる外国人の中には、日本食の美味しさをなんとか国外に持ち出したいと考えている人もいます。もともと日本人の多く住む上海、北京、バンコク、シンガポール、ロサンゼルス、ロンドンなどには当然のように日本食レストランがありますが、私の友人のAさんは日本人居住者のまだ少ないインドに日本のレストランチェーンを持っていこうと考えています。

Aさんがインド人に食べさせたいと考えているのが、焼き鳥、餃子、クレープ、そしてなんと日本のカレーライスです。カレーの本場インドで、インド人に日本のカレーライスを食べさせたい、というのです。それほど、日本のカレーは美味しいということでしょう。

彼は日本企業を説得するのには時間がかかると知って、まずは自ら手本を示すべく、ニューデリーに「居酒屋」という本格的日本料理店をインド人富裕層向けに開店させました。見上げた心意気です。

日本のレストラン業を営むオーナーたちにも、このAさんのチャレンジ精神を見習ってほしいものです。

日本が海外に売り込むものは何もプラントや自動車だけではありません。食の世界だけをとっても、楽に数兆円ぐらいの規模になるビジネスが日本の企業によってつくられる可能性があるのです。「食」を武器にした世界進出も、けっして夢ではありません。

日本の魅力はサービスにあり

日本語では「サービス」という英語がいろいろな意味で使われています。その中でもよく使われているのが、英語にはない「タダ」という意味です。お店に行って「それはサービスです」と言われると、誰しも「それはタダです」という意味にとります。そこから意味を引きずっていると思われるのがモノの修理という意味の「サービス」です。

これを英語では「アフターセールス・サービス」といいますが、日本ではこれが単に「サービス」と縮められ、消費者の頭にサービスだからタダだろうという心理が働くようになったものと思われます。

こうして、モノが壊れたときの修理はタダであるべきという心理がなかなか抜けず、結果として日本では、アフターセールス・サービスではお金が取りにくくなり、メーカーにとってはこのサービスが収益圧迫の大きな要因になっています。

同様なことが中国や韓国でも見られるので、それは東洋人的な考え方の一部になっているのかもしれません。商品というハードにはお金を出しますが、サービスという目に見えないものには対価を払いたくないのです。

欧米ではどうかというと、これは大いに事情が異なります。少し前に、エレベーターやエスカレーターの事故で欧州のメーカーの品質問題が騒がれましたが、欧米ではモノは壊れるものと理解されており、特にエレベーターのような商品はメインテナンス、つまりサービスで儲けるビジネスモデルであると考えられているのです。その考え方からすると、日本のメーカーのエレベーターは完璧過ぎてビジネスにならないと、欧米人は思っているかもしれません。

しかし、世の中にはこのサービスやメインテナンスのビジネスは山ほどあり、飛行機やオフィスコンピューターのようなハードからはじまって、我々が毎日使っているパソコンのソフトまで、売ったあとで儲けるビジネスは数限りなくあります。

完成品を売ったあとに、そのメインテナンスで儲けるなんて詐欺みたいじゃないか、と思うのは、世界的に見れば日本人（東洋人）だけの特殊な心情です。日本人はまずこうしたナイーブ（世間知らず）な思考回路から抜け出さないといけません。なにしろ我々の競争相手は、世界の抜け目のない商人たちなのですから。

さて、サービスのもう一つの意味は「カスタマーサービス」といわれるものです。あらゆるビジネスにはカスタマーサービスが付随します。この言葉をあえて日本語に訳すと、「顧客満足度を向上させるための手段」ということになるでしょうか。実はこの「カスタマーサービス」こそが、日本が世界に対して自信を持って提供できる優れた分野なのです。

我々は日常的にそうしたサービスに自然に触れているので、まったく気がつかないかもしれませんが、少しでも外国に暮らしたことのある人間であれば、日本のカスタマーサービスの素晴らしさには改めて感動するはずです。

我々は生活のあらゆるシーンでカスタマーサービスに接しています。ショッピング、レストラン、ホテル、駅、病院、美容院、保育園、老人介護施設、結婚式場、葬儀場、銀行、ゴルフ場、コールセンター、ありとあらゆるところで最良のサービスを受けることができます。先に書いたように、日本人はサービスはタダだと思っていますから、これらのカスタマーサービスも同様に、「あって当たり前」と思っているので気がつかないのですが、これは我々の持つ貴重な財産です。

こうした日本のような良質のサービスは諸外国が簡単に真似できることではありません。長い歴史と教育に裏打ちされてはじめてできる技だからです。

ちなみに介護施設を見てみましょう。施設が綺麗で立派なだけでなく、鍛錬を積んだ介護士さんたちの無駄のない動きと心のこもったケア、そして緊急時の対応システムなど、日本の介護施設の素晴らしさはどこの国からも評価されています。

新聞やテレビのニュースでは、老人への虐待や、すし詰めの無認可老人ホームなどの悪い例がひっきりなしに流れるので、日本の老人介護はお粗末だと思っている人も多いと思いますが、良質のサービスやオペレーションという意味では高齢化社会の日本は進んでおり、世界のお手本になるところも多いのです。アジアでも韓国や中国では高齢化社会はすでに始まっています。これらの国では日本で培われた東洋的なサービスが間違いなく受け入れられるはずですから、このビジネスは明日にでも始められます。

レストランや旅館のサービスも素晴らしいものがあります。たいして高級でないレストランでもウェイトレスのユニフォームは常に清潔で、あくまでにこやかに応対し、注文を受けるのも訓練されていて早く、水とペーパーナプキンがすぐに出てきます。テーブルにはコールボタンがあり、会計もスピーディです。こんなこと当たり前と思うかもしれませんが、これが完璧にできれば、外国では評判のレストランになります。

これに、行き届いたオペレーションやシステムが加味されると、サービスはさらに強化されるでしょう。つまりは、半製品化した冷凍食材を効率的にチェーン店に配送し、新人の料理人でも同じ味の料理を提供できるようなオペレーションや、顧客の年齢・性別・単価・注文傾向などを瞬時にデータベース化して、マーケティングやメニュー管理に使うといったシステムなどは、日本は外国に比べて驚くほど進んでいるのです。

家電量販店はサービスの殿堂だ

日本の家電量販店のサービスはすごい！　のひと言です。

どこがどうすごいのか、まずはディスプレー（展示）です。商品の特徴がひと目でわかるばかりではなく、売れ筋商品がどれかも、聞くまでもなく見ているだけでわかります。店員さんはほとんど知らないことがないほど商品知識が豊富です。

それに加えてポイントシステムでお客さんの囲い込みを行い、ＩＴ機器であれば通信回線のサービスも売ったり、テレビの衛星放送のサービスもどうですかと声をかけます。家電店をお父さんや若い男性客だけの店としないために、ドラッグストア、食料品売り場、化粧品売り場、おもちゃ売り場などを備えるのは当たり前、ファミレスからワイン売り場まで併設して、一日中ファミリー客をつかんで離しません。

客の目には見えないオペレーションの部分はもっと進んでいます。

商品モデルごとの細かい売り上げ・利益管理を毎日行い、売れ筋モデルの特定と適正在庫の管理はシステムで行われ、客の導線（歩く順路）の検証、チラシの効果測定などは常識中の常識です。たとえば、大手量販店では、夕方雨が降りだすと客足が途絶えてくるので、今店内にいるお客様になんとしても商品を買って帰ってほしいとなります。そこで値引き幅を増やしても今買ってもらうために勝負をしろと指令が下ります。その指令は店内放送で隠語を使って「○○店長、お電話が入っています、至急席にお戻りください」などと発せられます。こんなきめ細かいオペレーションをどこかほかの国でやっているとは思えません。

また、チラシの効果分析も徹底しています。曜日によって集客がどう変わるか、チラシ上で商品を載せる場所やサイズによって売り上げがどう変わるか、値引きの幅によって売り上げはどれだけ違うか、どの地域に対象顧客が多く住んでいるかなど、すべてのデータが集められ、それが毎日のお店のオペレーションに反映されていくのです。

２００３年の初め頃、私が中国へ赴任して初めて中国の家電量販店を見たときです。日本のそれと外見上は大変よく似ていたので、もはや中国もここまできたかと感じたものです。しかし、実態を見るとそのオペレーションの中身はひどいものでした。

店員同士でお喋りをしていて、お客様はほったらかしです。商品のＰＯＰ（店頭販促物）があまりないので機能やスペックがわからない。ポイントシステムもありますが、その申し込み方が複雑面倒なので、客は結局諦めるなどなど、およそサービスの精神に欠けているものでした。まして前述のようなシステムを駆使した顧客分析が行われているとはとうてい思えません。

そこで私は、十分勝機があると考え、何社か日本の家電量販店のオーナーに中国への参入を促したのですが、残念ながらその頃、私の誘いに乗ってくる量販店はありませんでした。最近になってやっと何社か量販店が中国進出を考えているようですが、この動きは遅すぎます。最近中国の大手家電量販店の蘇寧《スーニン》電器が日本の家電量販のラオックスを買収しました。彼らの狙いの一つは、日本の家電を買いに日本にやってくる中国人観光客向けのビジネスをすること、もう一つは中国で日本流の販売サービスのできる日本型の家電量販店を自国に持っていくことです。

日本のサービスの良さをようやく外国人は気づき、それを日本から持ち出しているわけです。ですから、日本人自らこのサービスビジネスを興し、活性化することを考えなければなりません。モノをつくって外国に売る時代は終わりました。日本は今、サービス立国を考える時代に突入しているのです。しかも、そのサービスは国内の内需狙いではなく、国外へ自分たちで持ち出すのです。日本人が持ち出さなければ、外国人に持っていかれるだけです。

日米スーパー対決

サービスを語るならば、スーパーマーケット（GMS）の話をしないですませるわけにはいきません。「スーパーマーケット」というコンセプトはもちろんアメリカから持ち込まれたものですから、日本とは歴史の長さが違います。しかし、進化の度合いを見ると、これがまったく異なっています。

私は以前、当時のイトーヨーカドーの鈴木敏文社長とお話をする機会がありました。ちょうどアメリカの「ウォールマート」がいよいよ日本に上陸か、とマスコミで騒がれた頃です。売り上げ40兆円の超巨大スーパーが日本にやってくれば、その当時セブン-イレブンと合わせても2兆円ぐらいの売り上げしかなかったヨーカドー・グループはひとたまりもないだろう。そんな報道が毎日のようになされていました。

当然のことながら鈴木さんとの話はそのトピックスになりましたが、鈴木さんの話には大変説得力があり、今も鮮明に覚えています。鈴木さんは次のように話していました。

「日本のスーパーマーケットはものをたくさん並べ、安く売ればよいというものではない。日本のお客さんのニーズに対しては大変キメの細かい対応が必要である。アメリカのように2、3週間分の食料を一時に買い込むお客さんが全体のどれだけいるか。日本にはほんの1パーセントぐらいしかいない。多くのお客さんが毎日の惣菜を必要なだけ買いにくる。その日の天気にも左右されるから、あらかじめ長期天気予報を調べ、それと週間天気予報を合わせ見ながら店に並べる商品を変える」

さらに、話はなぜか当時売れ出した「イオン水」になりました。鈴木さんいわく、「ウチの社員は放送局にも密着していて、健康番組でどんな話題がいつ取り上げられるかまで把握している。イオン水がテーマになると1カ月前にわかったら、放映日にセブン-イレブンの全店舗にイオン入りのミネラルウォーターを並べる」

また、こうも話されました。

「コンビニにとっての最重要アイテムはお弁当類だが、ここでいかに無駄をなくすかが勝負である。そのためにたとえば冷やし中華の出荷のピークがいつになるかを気温との関係ではじき出す。だからウチには気象予報士より気象に詳しい人間がいる」

そして鈴木さんは、こんなキメの細かいマーチャンダイジングがウォールマートにできるわけがないから、イトーヨーカドーが負けることは絶対にないと言い切ったのです。

現実には、その後すぐの2002年にウォールマートは西友を傘下にし、2008年にはさらに1000億円をつぎ込んで西友を完全子会社化しました。しかし、鈴木さんの言ったとおり、ウォールマート・西友は赤字続きで、業績は日本のスーパー二社（イトーヨーカドーとイオン）の足元にも及びません。

同様にウォールマートの数年前に出店したフランスのスーパー「カルフール」も数年前に撤退を余儀なくされています。どちらも、アメリカやフランスでのビジネススタイルを日本で変えようとはせず、「エブリデー・ロープライス」の一枚看板だけで、すなわち価格勝負だけで勝てるだろうと踏んでいた甘さがあったのです。

奇しくも、私はソニーを辞めたあとに、アメリカの玩具店「トイザラス（日本）」に勤めることになりましたが、この会社もやはりウォールマートとまったく同じような壁に突き当たり、日本の消費者の難しさを私自ら経験することとなりました。アメリカの会社であれヨーロッパの会社であれ、自国での成功経験のある大会社は、他国での運営であるにもかかわらず、自らの成功体験から抜け出せないのです。

そういう意味では、日本のスーパーは世界一難しいお客さんとの商売を通して、サービスの重要性を十二分に理解しています。イトーヨーカドーが中国に進出し、中国のお客様から大変評価が高く、業績もよいと聞いて、私はさもあらんとうなずいています。

中国人は今、食品に対して非常にデリケートになっています。そういう状況下にあって、日本のスーパーだったら危ない食品はないだろう、賞味期限切れの商品など並べないだろうと絶対の信頼をおいているようです。

お客様を温かく迎えることから始まり、厳格な商品管理にいたるまで、これすべて日本のサービスの本質です。これは、一朝一夕に真似のできるものではありません。スーパーの中国進出は、フランス、ドイツ、アメリカは日本よりもかなり早かったのですが、今や完全にスーパーもクラス分けされるようになり、日本のスーパーが後発にもかかわらず大変高い地位を占めています。

すぐれたサービスが市場を制するいい例です。とても勇気づけられます。

マーケティングで国興し

サービス立国となるための重要なツールとなるのが「マーケティング」です。逆にいうと、マーケティングなしでサービスの価値を世に知らしめることはできません。

しかし日本人にとって、その意味ははなはだあいまいで、マーケティングとは何かという質問をよく受けます。「サービス」と同様に、これは日本語で言い表すことの難しい言葉です。直訳がありません。中国語でもよい訳がないようで、一般的には「市場営銷」などといっています。「市場」は日本語と同じでマーケットですし、「営銷」は販売という意味ですから、文字からだけではなかなか本当の意味を理解することはできません。

日本の会社でも営業とマーケティングはあまり明確に区別されていませんが、アメリカでは営業（セールス）とマーケティングは大違いです。セールスとは決められた値段で単純に売ることだけに専心する組織です。マーケティングとはセールスの上にくる上部機構です。販売ルートを考え、価格政策をつくり、発注数量を決め、販促戦略を考えます。

さらに、マーケティングとは別に、「マーチャンダイジング」という組織もあります。これはマーケティングの中でも商品の選択や買い付けなど商品に特化した仕事をする部隊です。ちなみにアメリカ企業のトップになる人は圧倒的にマーケティング出身の人が多いので、アメリカのビジネスマンはマーケティングを担当したがるのです。

私はマーケティングを、「モノやサービスに付加価値を加えること」と訳します。

マーケティングに関しては、欧米諸国は、さすがにこの言葉を生んだだけのことはあって非

商品とサービスの相関関係

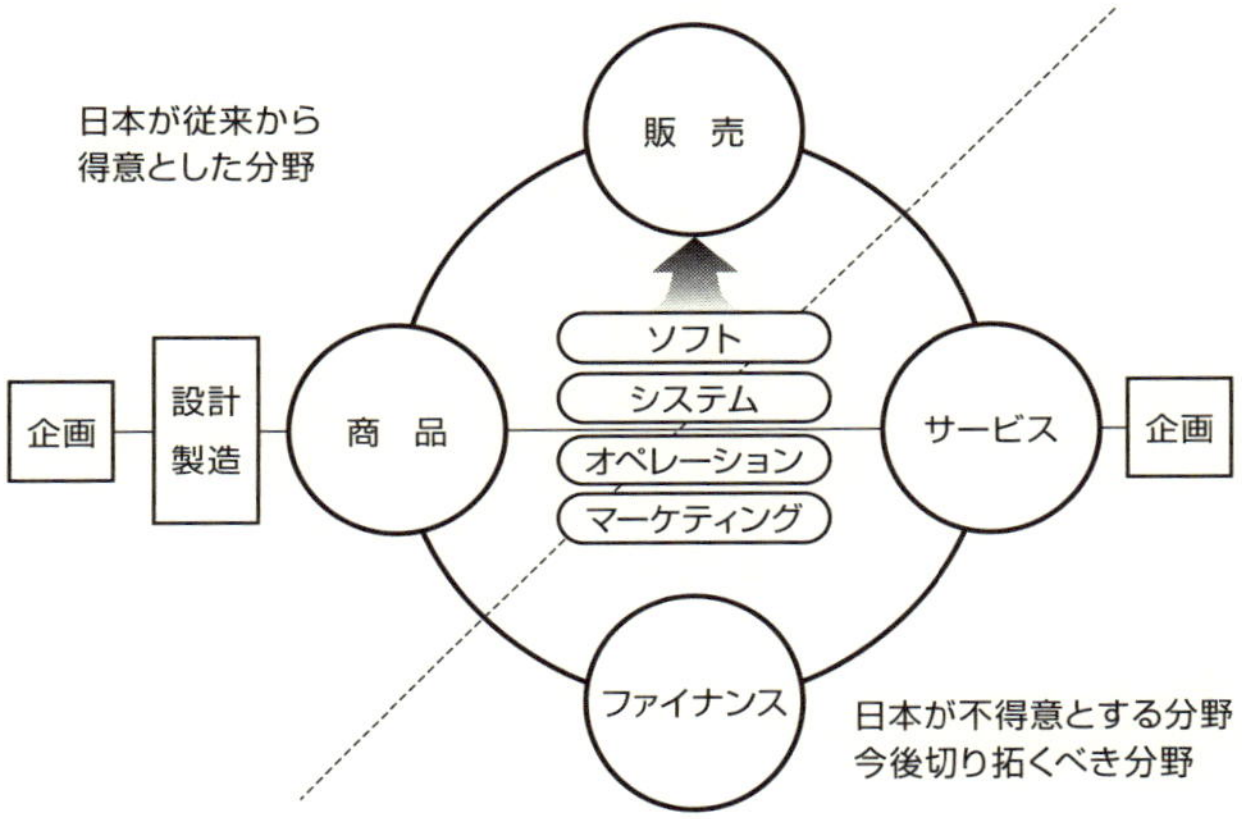

商品とサービスと金融、この総合力でビジネスの価値を高めることが重要になる。

常に秀でています。

いつも思うことがあります。

ワインの値段はどうしてここまで違うのでしょうか。一本１０００円のワインもあればロマネ・コンティのように一本１００万円もするものもあります。樹齢50年も経った葡萄の木から年間６０００本しかつくらないなど、いろいろ理由はあるようです。私はお酒が飲めないので「お前に価値がわかるはずもない」と言われそうですが、それでもあえて言いたいのは、同じブルゴーニュ産のワインに、どうして百倍もの価格差が付けられるのでしょうか。

日本のお酒といえば日本酒です。ワインと同じ醸造酒で地方ごとに多種多彩なブランドがあり、味も微妙に違います。ところが値段はといえば、ブランドによって多少の違いはありますが、ワインほどの違いはありません。日本酒の好きな人が、どこそこの珍しいお酒が手に入ったなどとうれしそうに話すのを聞くと、それはワイン談義とまったく変わりません。なのに、ワインにはブランドごとに大きく異なる値段が付けられているのに、日本酒の値段はどれもほぼ一緒です。

このワインの売り方こそが、マーケティングです。

日本人はモノを規格化してその成分や原料コスト、製造工程にかかる費用からその商品価値を決めます。欧米人はモノに歴史やストーリーや憧れなど、商品価値を高めることであれば何でも乗せて飾り立てます。この「飾り立てる」ことが、すなわちマーケティングなのです。

これはお酒だけではありません。自動車でも、時計でも、ファッションでも、レストランでも、ホテルでもそうです。日本の自動車が機能に優れて性能もよく、故障しないことは誰もが認めるところなのに、なぜ同じ排気量ならドイツの車のほうがあれほどまでに値段が高いのでしょうか。ニューヨークで評判のレストランに行って、味のつまらなさに比べて値段の高いのに驚くことがあります。これはみな、マーケティングのなせる技なのです。

こうしたマーケティングが積み重ねられてブランドが形成されていき、一度築きあげられたブランドはますます強固になり、新たな伝説をつくりだすポジティブ・スパイラルに入っていくのです。

日本は歴史と伝統という他国に負けない財産を持っています。なぜそれをマーケティングに活かさないのでしょう。これこそ、日本自身のマーケティングに使うべきです。日本のありとあらゆる商品やサービスに日本の伝統や日本の技を基にしたストーリーを織り込み、そのブランド価値を高める。まさにこのことが、今の日本に求められているのです。

サービスには価値があり、それは売るものです。タダで提供するものではありません。サービスの価値はマーケティングやブランディングでいくらでも向上させることができます。今後の日本の成功の鍵はここにあります。「サービス」に関する意識の変革なしには、サービス立国日本はありえません。

マーケティングはニーズの掘り起こし

マーケティングには「付加価値の創造」のほかに、「ニーズ（消費者の求めるもの）の掘り起こし」という、さらに重要な役目があります。

サムスン電子の今日の成功の裏には、徹底したニーズの掘り起こしと、それを商品化していく哲学があったといわれています。プラズマテレビや液晶テレビなどはその典型的な事例です。

これはメーカーであれば当たり前のことのように思われますが、意外と難しいことなのです。

サムスンに対抗する日本メーカーの商品企画は、サムスンとは対照的に「メーカー独自主導型」です。

つまり、メーカー側の視点で、その技術や機能が消費者に受け入れられるはずだという思い込みで商品を企画します。価格にしても同じことで、このコスト、この機能だからこの値段で売れるという決め方です。すべてをメーカーが決め、それを市場に出して顧客の反応を見る形です。

また、日本の企業は少し業績が悪化すると、最初に削減するのがマーケティングに関わる経費であり、広告費などいとも簡単にカットします。ところがサムスンは、マーケティングの経費削減は最後の手段と決めています。徹底したマーケティング主導の会社なのです。

さて、市場のニーズを取り込むのはそう簡単なことではありません。まず誰でも思いつくのは、販売店に行って何が売れるのか、その価格帯はどうかなどを販売店のマネージャーや担当者に直接聞く。これが一番手っ取り早いと思うでしょう。しかしそれは、第一歩ではあるかもしれませんが、それで十分とはいえません。

販売店の人はその時点で売れている商品のことはよく知っていますから、早い話、それと同じ機能、同じデザイン、同じ価格設定をしてくれれば売れると言うでしょう。でもそれは、1年後あるいは2年後に市場に出す商品を企画する企業にとっては、あまり価値のある情報とはいえません。

それでは、消費者自身に聞いてみるというのはどうでしょうか。これもまた、十分条件ではありません。消費者は自分がどんな商品が欲しいか、毎日そのことを考えているわけではありません。消費者のニーズとは常に漠然としたものです。もし自分のニーズを冷静に分析して商品の形までイメージできる人がいたら、もうその人は、単なる消費者の上を行くマーチャンダイザーといってもいい人間です。

ですから、ニーズをつかむためには、マーケティングを行う人間自身が消費者の生活圏の中に入り、毎日の暮らしや仕事の中身を理解することが重要です。ある程度技術や商品を理解しているマーケティングマンが毎日の生活の中から引き出したニーズ、それが売れる商品に結びつくのです。

これが海外のマーケットであれば、その地に深く根をおろしたグローバルな人材がいなければなりませんし、ローカル幹部の登用も必要不可欠です。海外の事務所でありながら、オフィスでは日本語しか使わず、週末はゴルフとカラオケしかしない――こんな駐在員を抱えている会社では真のマーケティングなどできません。

日本の企画マンあるいはエンジニアの中には、商品が売れないとしきりに首をかしげ、「こんな素晴らしい技術を搭載した商品がなぜ売れないんだ」「この商品の良さがわからない消費者はおかしい」と、手前勝手に考える人がけっこういるようです。

それが日本のマーケットの特殊性を増殖させ、日本のガラパゴス化を進めてしまった一因かもしれません。

ちょっと昔の自分の自慢話をします。私が中近東の駐在員をしていた頃は、ちょうど「ベータ」や「ＶＨＳ」の家庭用ビデオが出回り始めた時期でした。過酷な気候と宗教的制約から中近東では娯楽が少なく、ビデオ観賞は唯一無二の娯楽といっても過言ではありませんでした。

当時我々は欧州向けのモデルを中近東で売っていましたが、中近東は放送様式が国によって異なり、「パルシステム」と「セカムシステム」が混在していました。当然、国ごとにモデルを変えて売るのですが、それは非常に煩雑で、しかも国によって電圧が違うため、いつも苦情と修理に追われていました。さらに、ビデオのソフトはアメリカの「ＮＴＳＣ」と呼ばれるシステムで、録画・ダビングされたものまで入ってきます。ですから、お金持ちの家に行くと、方式の異なるビデオデッキとテレビが数台ずつ置いてあるという状態でした。

そこで思いついたのが、これらのシステム（パルとセカムとＮＴＳＣ）をすべて一台にまとめ、電圧も自動的に調整されるようなビデオデッキをつくれば売れるはず、ということでした。

しかし、この中近東専用の新しいモデルをつくろうと社内を説得するのは大変でした。私はエンジニアではありませんので、そのような商品がどうすれば設計可能なのか、コストはどのくらいかかるかなど、まったくわかりません。

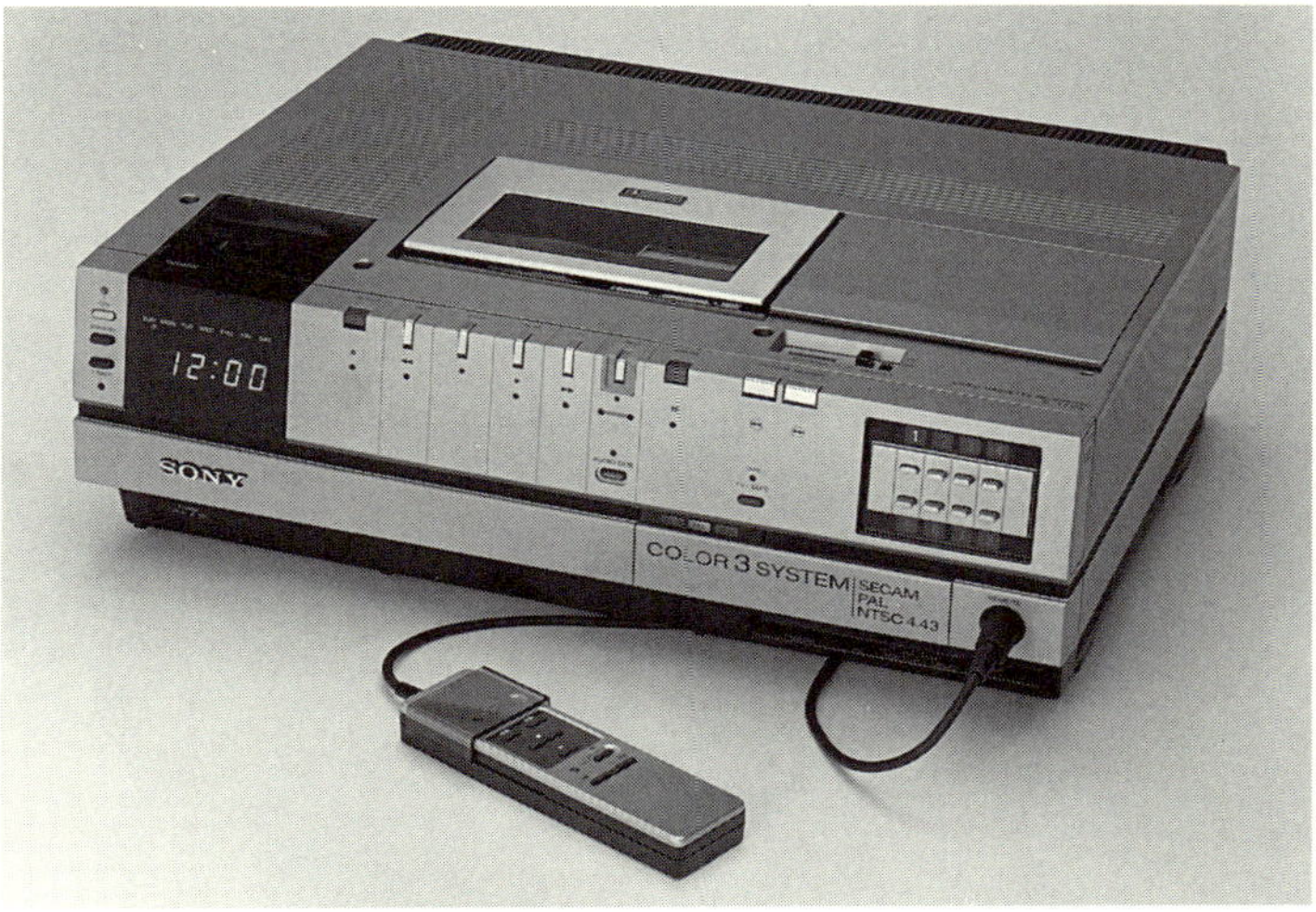

ソニーで最初の中近東専用VTRモデル。

おそるおそる事業部にリクエストを出すと、コストは2万円ぐらい高くなり、形も20パーセントぐらい大きくなるが、それでもよいのかといいます。それでも欲しいとは思いましたが、正直売れるかどうか自信はありません。落胆して、当時駐在していたドバイの事務所に戻り、ドバイやイランに駐在していたサービス・エンジニア（修理担当のエンジニア）にその話をしました。

すると、「そんなにコストをかけなくてもできるんじゃないの」という返事で、しかも数日のうちに現行セットにちょっとした手直しをして、パルとセカムの2システムのビデオデッキをつくってくれたのです。追加のコストはゼロでした。

数カ月後、イスラム革命のさ中で命の危険

にさらされていたテヘランのソニー・サービスセンターのエンジニアが、危険もかえりみず、アメリカのNTSCシステムも組み込んだ3システムの改造モデルをつくってくれました。

ソニーの歴史の中で、海外のサービス担当の駐在員が、改造版とはいえ、商品を設計したというのは空前絶後の出来事です。しかも、エリートエンジニア集団である本社の事業部がそれを評価するのはむろんあり得ないことなのですが、この話を聞きつけた当時の盛田社長の「マーケットが欲しがっているのならつくってあげなさい」というひと言で、1年後には現実のモデルとなって市場に出されたのです。

この商品は大ヒットし、後に不朽の名機とまでいわれました。今日、中近東やアジアでは、テレビもビデオもこの3システムは業界の常識となっています。

このエピソードで重要なことは、真のマーケティングとはニーズをつかむことだけでは不十分で、そのニーズを商品に具現化させなければならない、ということです。マーケティングにたずさわる者はエンジニアに商品化をさせるための説得力を身につけなければならず、さらにマネージメントに関わる者は社内事情にとらわれずに、市場の欲するものを出す勇気を持たなければならないということです。

おそらく、今のサムスンやアップルには幾多の経験を経てそのような体制が整っているのでしょう。そうだとすれば、日本の企業も大いに見習うべきです。

中国経済は「バブル」なのか？

日本はモノづくりから脱却せよと強調してきましたが、それは中国が未来永劫モノづくり大国であり続けるから彼らに任せればよい、という意味ではありません。

中国は、その人口と経済力があれば、モノづくり王国、すなわち「世界の工場」に留まっていることはありません。２０１０年にＧＤＰで日本を抜きますが、たぶんその数年後には個人消費総額でも日本を抜くことになるでしょう。つまり、消費大国になるのです。

そこで、抜かれる日本はもうダメだと考えるのではなく、そんな消費大国が隣にあるのはなんと幸せなことだろうと思うべきなのです。

私の予想では、中国は労働人口が減少し始める２０５０年ぐらいまで、高度あるいは中程度の経済成長を続けると思います。その過程でつくられる中間層の数は現在の日本の中間層の五倍ぐらいに膨らみます。そうなれば、もう日本の内需市場なんて吹っ飛んでしまいます。極論すれば、日本の国内市場なんかどうでもいい。つまり、今後の日本経済にとって内需拡大うんぬんは瑣末《さまつ》なことで、この超新星のごとき中国市場をどれだけものにできるかが、これからの日本の運命を決定づけるのです。

こういう話をすると、必ずネガティブな発想をする人が出てきます。書籍の世界でも中国経済の今後をネガティブに見る本は、常に一定程度の読者をひきつけています。

その主張は大きく分けると二つあります。一つは、中国経済はバブルであり、いつかはじけるというもの。もう一つは、中国固有の政治的リスクです。

順に見ていきましょう、まず、中国の「バブル崩壊」について。

確かに、日本でも、アメリカでも、ドバイでも、バブルははじけました。

しかし、はたして現在の中国は、そうしたバブル的状況にあるのでしょうか。経済成長率などの数字だけを見れば確かにそうとれる部分はありますが、それを検証するにはバブルがはじけるための基本要素の一つ一つを見ていかなければなりません。

その最大の要素は、需要が本物か、仮のものかということですが、まずいえることは、これだけの人口を抱えているわけですから、そう簡単に需要の減退があるとは思えません。

次によくいわれるのは地価の高騰です。なるほど今は一見そのように見えますが、基本的に中国の国土はすべて政府所有であり、国民は居住用の土地を最長70年、商業用では40年の使用権を与えられているにすぎません。しかも、この制度は今後変えられる可能性も十分あります。つまり、中国政府は状況に応じて土地の使用権に関わる制度を変えることができます。たとえばある地域の地価が異常に高騰すれば、それをコントロールする制度を一夜にしてつくればよいのです。

今の中国には、基本的に固定資産税もなければ相続税もありませんから、地価が高騰しやすい条件がそろっています。しかし、こうした制度の不備あるいは未発達は、今後どんな新しい制度もつくれることの裏返しでもあるのです。しかも、現在の中国の国家体制である「国家資本主義」の下では、国のためならばいかようにも制度を変えられるのです。

中国経済をバブルとみる人たちのもう一つの根拠は、「為替リスク」です。

なるほど、バブル崩壊の要素として、為替の急激な変化は考えられることです。しかしながら、中国では、土地と同じように為替も国がコントロールできるのです。

世界の主要通貨、いわゆるハードカレンシーは当然のごとく変動相場制です。中東の通貨のように強い通貨でありながら「ドル・リンク」している通貨も一部ありますが、国際的な決済には使われないので問題とはなりません。

しかし、中国の場合は莫大な外貨と外債を保有し、世界貿易に占める割合が2割にも達し、周辺国では実質的に人民元が決済通貨となっています。にもかかわらず中国はいまだに固定相場制をとっています。そんな中国に対して、アメリカが口やかましく人民元の切り上げを迫っているのは当然です。しかし中国は言を左右にして、実質的にこれを斥《しりぞ》けています。経済の理屈からはなんとも不思議な現象ですが、これまた、「国家資本主義」のなせる技でしょう。

中国が元切り上げに応じない理由の一つとしているのが、実は日本の過去の事例です。日本は１９８５年のプラザ合意で円高を押しつけられ、その後2年半で円のレートが２４０円から１２０円にまで切り上がり、それが日本のバブル崩壊を招いた。だから中国は、この事実に学ばねばならないと、口癖のように言っています。しかしこれは、人民元の切り上げに対抗するための、国内外に対する言い訳以外のなにものでもありません。

通常、自由な為替市場では、外圧などで為替が大きくゆがめられて変動することは制度的に困難です。やはり為替は各通貨間の国際的な相場やファンダメンタルズ（経済的基礎指数）などによって決まるもので、意図的に変えられるものではありません。ところが中国だけは、これだけの大国になってもまだ為替を人為的に操作することを認められている例外的な国家なのです。

中国の通貨切り上げに関しては、毎年のように米国をはじめ先進国側から圧力がかかっていますが、その都度、お茶を濁す態度に終始しています。「バスケット方式」もその一つです。これは、海外の主要な通貨すべてとの間での為替変動の合算で決める方式であり、しかもそれを最大上下幅０・３パーセントの許容枠内で行うもので、実質何も変わらないような為替コントロールを行っています。現に5年ぐらい前の対ドルレートは少しは上がってはいますが、この間ドルが日本円に対しては著しく下げているので、人民元は日本円に対して切り下がっている計算になります。

このように制度を一夜にして政府が変えてしまったり、為替レートを自分たちの思惑《おもわく》だけで決めてしまったり（それに対して諸外国が何も言えない）、そんな国家資本主義は、地球上の歴史の中でこれまで存在しませんでした。ですから、どの経済学者も未来学者も、中国経済の先行きを読むことができないでいます。こと中国に関するかぎり、少なくとも過去の例から未来の姿を導き出すことができないのです。

中国に「政治的リスク」はあるのか？

中国の抱えるもう一つのリスクといわれているのが、「政治的リスク」です。確かに過去の中国の経済成長を阻害していた要因として、中国共産党内部の権力闘争や天安門事件がありま す。それゆえ、中国国民が多少裕福になれば政治に目覚め、共産党の一党独裁に疑問や不満を持つ人間が出てくるだろうとか、貧富の差がある程度以上つくと、それが限界点を超えたときに新たな階級闘争が始まるのではないか、などといわれています。

農村では、前述したように、状況はもう少し深刻かもしれません。人口の約7割、8億近い数の農民戸籍の人口は明らかに多すぎます。総人口の65パーセントの農民がGDPの15パーセントしか生産していないのです。

この生産効率はインド（人口の52パーセントの農民がGDPの17パーセントを生産）のそれ

を下回るもので、中国の農民は極めて生産性の悪い条件下にあるといえます。誰もが知ってのとおり、農業の生産性は大規模化によってしか上げられませんが、中国の農地では、すでに細切れにされており、これを大規模化することはできません。農民工としての出稼ぎの機会が失われたときにこの国がどうなるか、ちょっと恐ろしくなります。中国政府は今後、農民に手厚い政策を矢継ぎ早に出していくことは間違いないでしょう。

それで、最近の国家主席の発言にしきりと出てくるのが「和諧《わかい》」という言葉です。これも、中国共産党がそれこそ過去の自身の歴史（天安門事件など）から学び、同じ轍《てつ》を踏まないよう細心の注意をはらっていることの表れでしょう。

そのように考えてくると、中国の国家資本主義は多少の紆余曲折はあっても、今後も独自の成長を続け、あと30年から40年は持続的な成長が期待できるでしょう。今述べたようなリスクが現実のものとなるかどうか、それは予測不可ですが、もしかすると、この成長が止まるとき一気に噴き出すかもしれません。

しかし、たとえそうであっても、これから10年の日本経済を見透すとき、この中国市場をものにする以外に、日本の確たる未来図は描けません。

面白いことに、今新興国といわれている国は、中国と同じような国家資本主義的な色彩を色濃く持っています。特に、インドやロシア、ブラジルがそうです。国の経済運営を民間の企業や金融機関だけに任せず、国家が積極的に関与して自国の有利な方向へ強引に持っていく力を持っています。

思うに、この国家資本主義の最初の実験はシンガポールだったかもしれません。シンガポールは世界の金融基地として大変な発展を遂げましたが、今こうした実験を行っているのも将来の超大国ばかりですから、これらの国々とのお付き合いが、否応なしに日本の運命を決することになるでしょう。

人民元パワー、大いにけっこう

先日南イタリアを旅行しました。どこのホテルに行ってもサムスンの液晶テレビが入っているのを見て「さもあらん」と思いましたが、ホテルのケーブルテレビの各国語放送のチャンネルを回していたら、かつては必ず入っていたＮＨＫの国際放送がなく、その代わりに中国のＣＴＶ（中央電視台）の放送が入っていました。また観光地によくあるマネーチェンジでは、どこでも人民元のレートが明記されていました。シンガポールやバンコクだったらわかりますが、南イタリアの小さな町でも人民元が簡単に替えられるのをみて、いまさらながら中国の存在感を思い知らされたのです。

最近、日本の「ラオックス」や「本間ゴルフ」、あるいは「レナウン」までが中国に買われ

中国の対外直接投資の推移

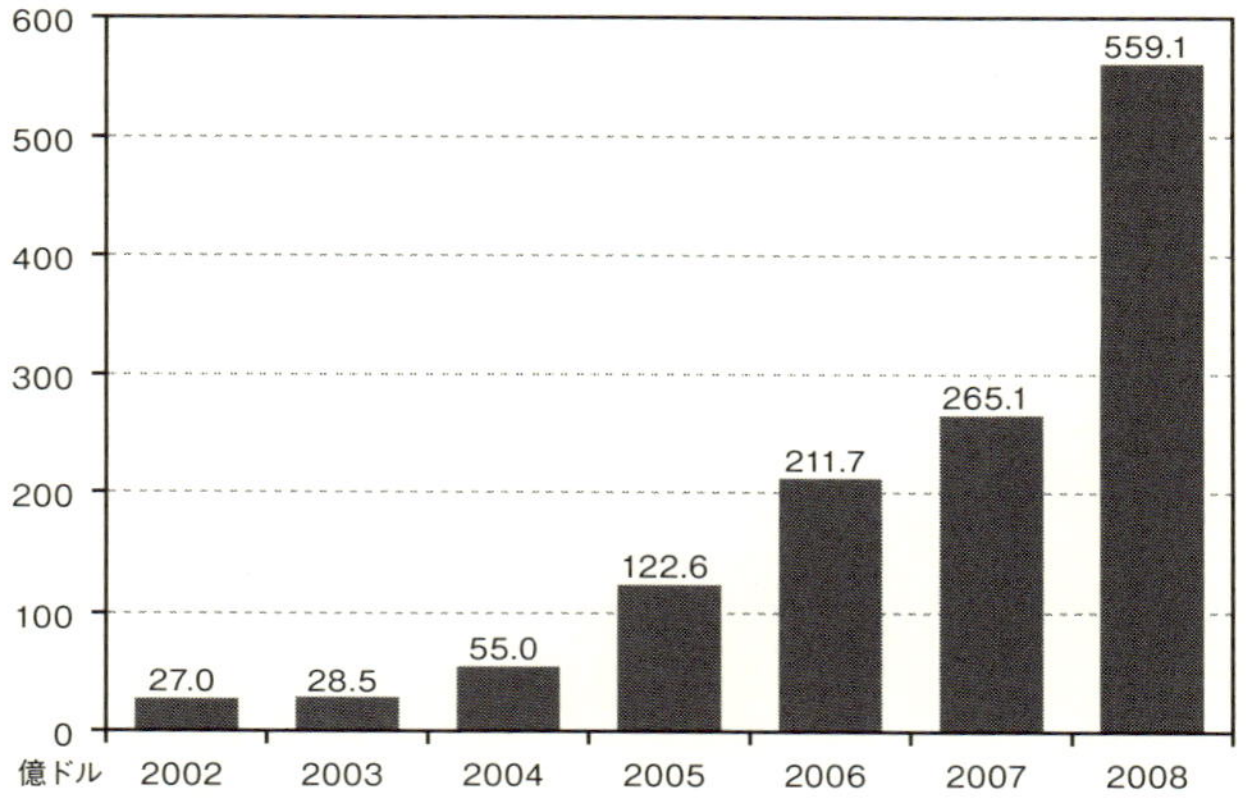

2008年、中国は対外直接投資が初の500億ドル突破（中国国家外貨管理局）。
中国の対外投資の半分は資源関連への投資。（住友信託銀行調査月報より）

ているとのニュースがありました。これをマスコミは、相も変わらず中国が日本企業を買い漁《あさ》るといった否定的ともとれる報道をしています。残念、無念といった口調です。まるで幕末の攘夷思想をみるようで、苦笑を禁じえません。そういうステレオタイプの報道の仕方は、もういい加減やめてほしいものです。これら三社の買収総額を合わせても２００億円にもなりません。中国にとっても日本にとっても微々たる金額です。

そもそも中国の海外投資を見ると、資源確保を目指したアフリカへの投資が突出して大きく、日本へのそれは十番目にも入っていません。国際間で普通に行われているＭ＆Ａに比べれば、中国の日本への投資はあまりにも小さい額です。むしろ、もっと大きな投資をしてもらいたいし、民事再生を申請した企業や資金繰りがつかなくなった日本企業にはぜひテコ入れしてもらいたいと私などは思います。

でも現状では、中国資本は日本への投資をやや躊躇しています。その理由はいくつかありますが、同じ金額を投資するなら中国企業に投資したほうが、中国市場が確実に伸びているので儲かるということがまず挙げられます。その次には、日本人がやってもうまくいかない事業を中国人がやってもうまくいくわけがないと考えていることです。現実的な判断です。第三の理由は、日本で魅力ある会社はなぜか非常に防衛的であることです。他国からの出資を歓迎しないという態度がありありです。歓迎されない投資は成功する可能性はないと彼らは考えます。これまた、現実的な判断です。そうなると、残念ながら日本には、中国が買ってくれそうな企業はそう多くはないということです。

マスコミは、なぜこうした切り口で中国による日本企業のＭ＆Ａを多面的に報道しないのでしょうか？

ともあれ、人民元パワーはいまや往時のジャパンマネーをはるかにしのいでいるのは確かです。我々はそれを脅威と感じるのではなく、むしろ歓迎し、その本格的な導入を確かな戦略を持って考えるときがやってきたのです。

中国の戦国時代に「遠交近攻」という言葉がありました。遠くの国と親交を結び、近い国を攻めるという意味です。今中国は遠いアフリカ諸国と親交を結び、近い日本に対しては歴史的経緯もあり、政治的には無論、経済的にもわりとクールです。それを打破するのは、先を見据えて肚《はら》をくった企業人だろうと私は割り切っています。そこに「利」があれば、中国人とて乗ってこないはずがないのです。

その意味で、先頃中国大使に伊藤忠商事の丹羽宇一郎さんが任命されたのは歓迎すべきことでした。日本のとるべき国際戦略は、いつの時代も「遠交近交」以外にありません。

アップル社の事業構造――コト興しの実践（1）

ここまで、主に隣国中国との対比で日本経済の冴えない現状を見てきました。そこを突き抜けるには「コト興し＝事業化」しかないことも縷々《るる》述べてきました。しかし、私のいう「コト興し＝事業化」は、少しわかりにくいかもしれません。もう少し具体例を示しながら説明します。

コト興しの課題の1番目は、モノとサービスを結びつけた事業構造をつくることです。最もわかりやすい例でいえば、アメリカのアップル社の事業構造です。

知ってのように、アップル社は「iMac」「iPhone」「iPod」「iPad」というネットワーク型の商品を持っていますが、前述したとおり自社では生産を行っていません。いわゆる「ファブ

ネットワーク型商品によるコト興し
（アップルの事業構造）

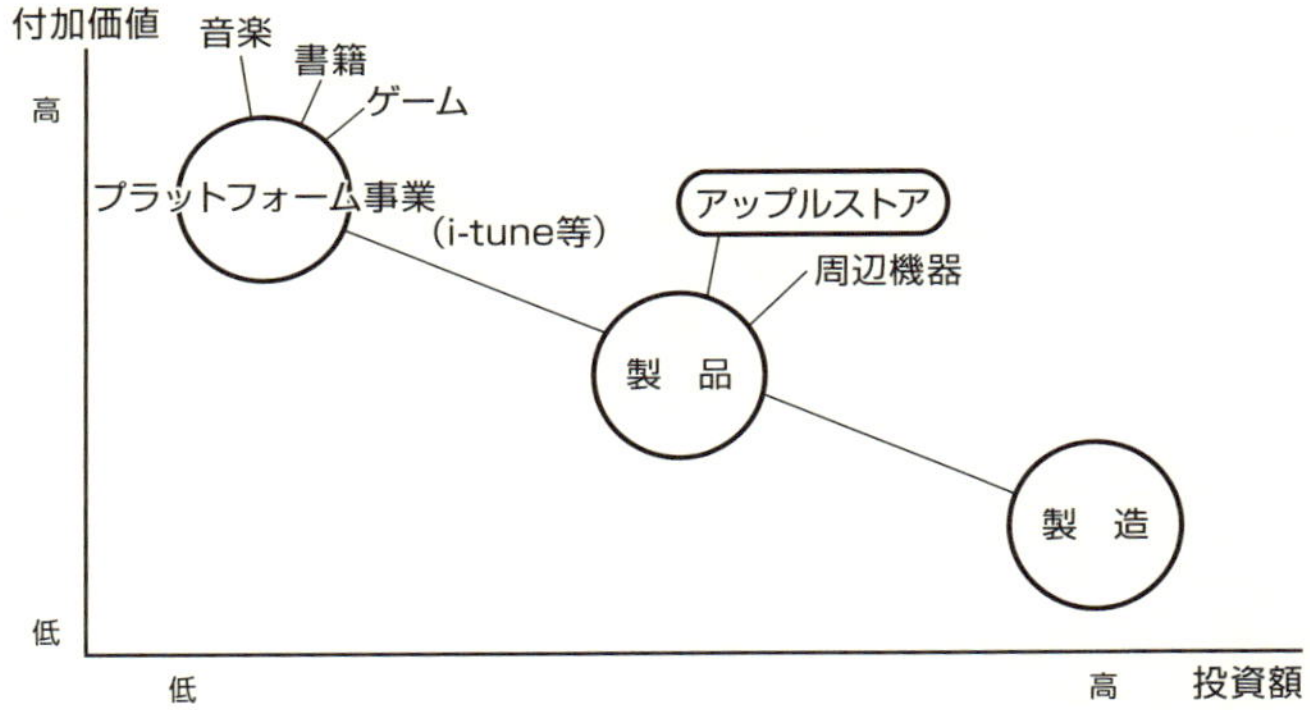

アップルは投資額の大きく付加価値の小さい製造をアウトソースし、製品販売とプラットフォーム事業で業績を伸ばしている。

レス・オペレーション」です。

その理由は、製造には多大な投資が必要で、固定費化した製造設備を自社で持つことはリスクが大きい半面、利益が非常に少ない点にあります。ですから、そこはＥＭＳ（外部製造委託会社）に任せてコストの変動費化を計っています。

一方、製品の販売に関しては、そこが最も利益のとれるところですから、ＣＥＯ自らがマーケティングの先頭に立ち、キャンペーンを展開しています。

アップル社の強みは、「アップルストア」という自前のお店（直営店）で売ることにより、本来流通側に流れるマージンをも自社の利益に取り込んでいることです。この形態はメーカーにとっては理想的ではありますが、簡単なことではなく、どの業界をとってみても、成功しているのはおそらく同社だけでしょう。私もソニーの国内・海外を含めて自社ストアでの販売を試みましたが、ほとんど成功しませんでした。

アップル社の自社ストアでの成功の裏には90年代後半のアップルの困難な時期があったことを忘れてはならないでしょう。ウィンドウズに押されて世界的にシェアを失う中で、ほとんどの量販店がアップル社の「マッキントッシュ」を扱わなくなり、仕方なく自前のストアで売るようになったのです。

一般に日本でも欧米でもそうですが、量販店はメーカーが自社販売をすることを非常に嫌いますし、自社販売をしたとしても、そこでの販売価格は量販店より一割も二割も高い値段に設定しないと量販店は納得しません。しかしアップル社の場合は、その歴史的経緯から量販店側はアップルの自社販売や同価格販売に対して文句がいえない構造になっています。

また、アップル社は自社製品を強化する目的で自社の製品につながる様々な周辺機器を他社につくらせ販売しています。iPodにつながる卓上スピーカーなどがその例ですが、一般にこのような商品はメインの製品を持っているメーカーが独占して企画・販売をすることが常です。しかし、アップル社はこれらの周辺機器を自社製品の使い勝手を強化してくれる大事な仲間と考え、積極的に他社につくらせ、アップルの世界を広げるのに役立てています。

さらに大事なことは、アップルが様々なコンテンツを配信するためのプラットフォーム事業を持っていることです。

パソコンにしても、音楽プレーヤーにしても、携帯電話にしても、コンテンツなしには使えませんが、この配信のプラットフォームを自らがコントロールし、コンテンツそのものは広く他社や一般の人でも容易につくれるようにしているのです。これも周辺機器同様、オープン化することによってアップルの世界を広げ、顧客は自然とその世界の虜《とりこ》となってしまう仕掛けにしているのです。

もし、アップル社が製品だけをつくる会社であったなら、ここまでの成功はなかったでしょう。現に、世界の市場にはiPod同様の音楽プレーヤーは１０００種類を超えていますし、中国ではすでにiPhoneやiPadもどきの商品が出回っていますが、それらは決して市場のメジャープレーヤーにはなりません。

世の中には優れた製品を持つ会社はいくらでもあります。大事なことは、それらの製品が使われる生活シーンの中で、どの事業を自分のビジネスの一部として取り込むかを考えることです。その判断の基準となるのは、どのビジネスに最大の付加価値が存在するのかを見極めることです。

電気自動車でひろがる新分野――「コト興し」の実践（2）

「コト興し」の2番目の課題は、いかにして自社の事業領域を超え、特定産業の壁を超える発展を可能にさせるかということです。

たとえていうなら、電気自動車です。我々が毎日利用している道路は基本的にガソリンエンジンを使った自動車のためのインフラです。ところが、自動車の動力が電気に代わることでいろいろなインフラが変わってきます。

その一番わかりやすい例が、ガソリンスタンドでしょう。現在日本には約5万軒のガソリンスタンドがありますが、これが電気自動車の出現でどう変わるか、ということです。これを多数のガソリンスタンドが廃業となってしまうという悲観論的に捉えるのか、これらをすべて電気自動車対応にさせるのに莫大なインフラコストがかかるからゆっくり移行させたほうがよいと消極論的にとるのか、はたまた、大変なビジネスチャンスが到来すると楽観的に考えるのか、皆さんはどのように考えるでしょうか。

私は当然楽観的に考えます。楽観どころか日本経済再興の切り札と考えています。

ガソリンスタンドが充電ステーションに変われば充電器のビジネスが大きく伸びます。充電に時間がかかるのがイヤな人には充電されたバッテリーとの交換という新しいビジネスも生ま

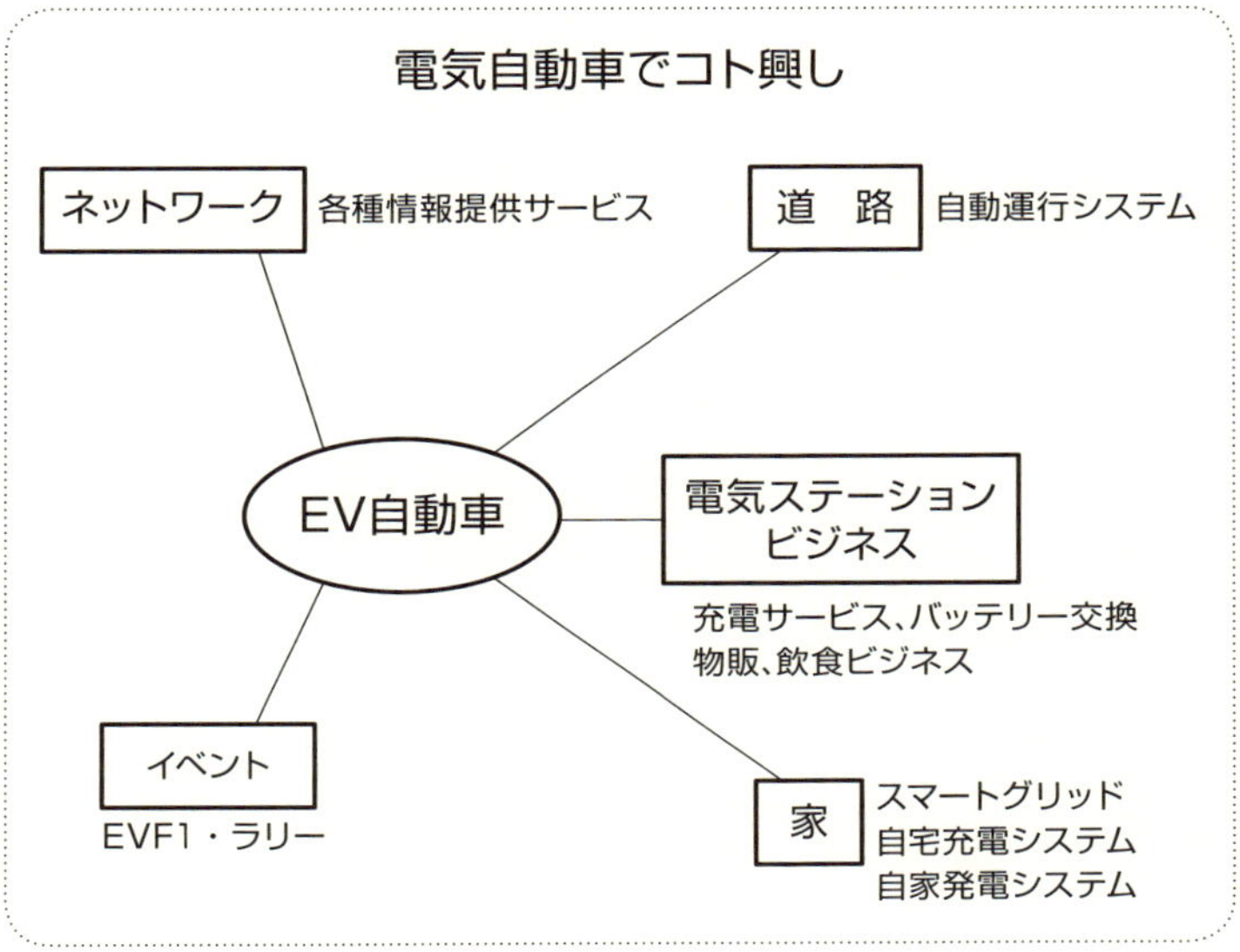

れます。充電に時間がかかる分、ステーションに留まる時間が長くなるので、その間に買い物をしたり、コーヒーを飲んだりというように、ステーションのビジネスチャンスが広がります。またショッピングセンターなどでは、充電ステーションが必須となり、これも新たなビジネスとなります。

道路はどうなるかといえば、電気自動車は発進・停止がよりスムーズに行われるので「自動運行システム」がやりやすくなります。すでにガソリン自動車でも、「アダプティブ・クルーズ・コントロール・システム」のように前の車との間隔を感知して車のスピードをコントロールするシステムが実用化されているのですから、自動車の完全自動運行システムなどあと一歩です。日本中の高速道路にこのためのガイド線を埋め込むことは大変ですが、これは一方で、大きな経済効果をもたらします。

家ではどうかというと、自宅に充電システムを設置することが必要となるので、これを機に太陽光発電のような自家発電装置を設置する家も増えてきます。そうすれば確実に、「スマートグリッド」（電力の自動需給システム）の世界も実現性を帯びてきます。

また、車がネットワークでつながれば、目的地に行くまでに様々な情報を先取りすることが可能になりますし、そこに新しいコンテンツ事業や広告事業の可能性が広がってきます。さらに、「自動運行システム」や「自動車ネットワークサービス」にナビゲーション技術が合わされば、目的地までの最短の行き方も到着時間も正確にわかるようになります。

自動車はスポーツという側面も持っています。電気自動車によるラリーやＦ１を企画することによって電気自動車の発展促進が図れるでしょう。

これらの事業すべてに自動車メーカーが参入することも可能ですし、他社・他業界との協業も可能です。こうしたビジネスの広がりを考えるだけでなんと楽しいことでしょう。

このビジネスチャンスをスピードを持って広げるためには、行政の後押しも重要です。日本のガソリンスタンドのセルフ化は１９９８年の規制緩和でようやく実現しましたが、先進国の中ではかなり遅いスタートでした。これは、日本流にお役所と業界が安全のための議論を延々と重ねた結果だと思いますが、来たるべき電気スタンド化に際しては世界の先陣を切ってやってもらいたいところです。

地方の活性化──「コト興し」の実践（3）

「事業化」によるコト興しは、製品やサービスを基軸としたものにとどまりません。

企業や工場などが閉鎖されて活力を失った地方の活性化も重要な課題です。昔は地方の活性化といえば工場誘致であり産業誘致でしたが、今それを願うのは、ボタ餅ののっていない棚をむなしく眺めるのに似ています。それではと、次に地方が考えたのがテーマパークや郷土館のような箱モノでしたが、これは誰もが知っているように、地方財政をさらに苦しめる結果となりました。

私はとてもシンプルに考えていて、地方を活性化するには、ともかく人に来てもらうことだと思っています。それを、あえて「観光」といわないのは、好んで地方に住むため、勉強のため、出稼ぎのためにやって来る人も、また活性化につながると考えるからです。

地方によるコト興しで重要なことは、まず、コストをかけないことです。イベントは誰でも思いつくことですが、そのための企画立案に有名人を呼び、多大のコストをかけては、とても割に合いません。そんなことをしなくても、世の中には目的があって集まりたい人、自分の実

ナポリで。観光客の目に従って、町がつくられていく。

力や成果を人に見てもらいたい人はたくさんいます。地方の市町村はそういう人達に場所を提供するだけでよいのです。

いい例が、毎年琵琶湖で行われる「鳥人間コンテスト」です。人力飛行機のコンテストで、読売テレビが主催し、今や大イベントになりました。参加するのは一般の人や大学生で、主催者が助成金などを払っているわけではありません。乱暴にいえば、主催者は琵琶湖に人力飛行機の発進のためのプラットフォームを用意するだけでよいのです。これを見に大勢の見物客がやってきて、放映するテレビにはスポンサーがつき、主催した団体には放映料が入ります。

これほど大きなイベントでなくともいいのです。紙飛行機の大会でもいいでしょう。世

南イタリアの小さな町アマルフィ。「アマルフィ女神の報酬」という織田裕二主演の映画のせいか、日本人の姿をたくさん見かけた。

の中には我々の想像もつかないニッチな趣味の世界があり、その人たちは発表の場を求めています。場所があるなら、そのイベントが日本の名も知れぬ村で行われたとしても、世界中からやってくるかもしれません。

「町づくり」もぜひ日本の地方都市に考えてもらいたいことの一つです。地方のよさはそれぞれの町が独自の特徴を持っていることです。逆にそれがなければ、観光事業など考えられません。

町が特徴を持つためには、

イタリア・アルベロベッロの旧家がホテルになっている。

まずは「宣言」をすることです。我が町は「エコシティー」であるとか、「学者村」や「芸術家村」であると自らの持つ個性を特徴づけ、定義づけるのです。そして、そこに移り住んでくれる人には税の免除などのインセンティブを出すなど、誘い水も大事です。また、道路や樹木や建物、看板にいたるまで多少の規制とルールをつくり、いかにもそれらしく見せることも必要でしょう。

先日南イタリアの世界遺産の町を見学に行きました。アルベロベッロという小さな町にはとんがり屋根の家々が並び、大変きれいに整備されていましたが、そこには日曜日には休みになる鉄道しか通ってなく、大きなホテルもありませんが、いわば町中がホテルのようなもので、小さな民宿のような家々が世界中から集まるお客さんを受け入れています。

これを見ていると、町は人間によってつくられるものだということがよくわかります。巨大なホテル資本を招請することだけが町興しではありません。住民をまとめる力さえあれば町興しはできるのです。

「エコシティー」でいうならば、前述のアブダビや天津のような何兆円も投資する国家プロジェクトができればもちろん喜ばしい話ですが、そんな莫大な投資をしなくともできるエコシティーも考えられます。

どこか懐かしい匂いがするシラクーサの町の路地。

日本全国、どの県にも江戸や明治の時代の雰囲気を残した町や村があります。最初はその一画でもよいので、そこを「エコの町」とすると宣言します。その区画内はガソリン自動車の乗り入れを禁止して電気自動車のみにするとか、風力や太陽電池による電気だけで生活できる環境をつくるのです。

水は水道に頼らず、地下水と汚水の再処理循環の水を使い、生ゴミなどはバイオ処理する。その町の真ん中にはエコ旅館をつくり、宿泊者には有機野菜や川魚などの自然食材を提供し、電動自転車などによる自転車トレッキングツアーなどを企画し、エコライフを楽しんでもらうことも可能です。

それを自治体の予算だけでなく、あらゆる環境技術関連の企業と協力しながら推進し、エコ技術のサンプル村とするのです。一区画で成功すれば、それを次第に大きな広がりにしていき、一つの町、一つの市がまるごとエコシティーになることも夢ではないでしょう。

それが実現すれば、古くて活気を失っていた町に新たな住人が移り住み、そのエコライフを体験したい、あるいは見てみたい、と観光客もやってきます。もちろん、古い町ではなくて、まったく新しい町を住宅開発メーカーと企画してエコ村に仕立て上げることも可能です。

こうしたプロジェクトには、行政の強いリーダーシップも必要です。ある町で、電柱をなくすために自分たちの費用で電線の埋設を市に頼んだのですが、その地域は電線埋設化予定地域になっていないからダメだと断られたという話を聞きました。そんな行政では、このエコシティープロジェクトの入口に立つこともできません。行政と企業と住民の一体となった動きが不可欠です。

「観光」は最大の事業化資源――「コト興し」の実践（4）

地域のコト興しの中でも最も重要なものは、やはり観光でしょう。日本はこれまで、この分野でも内需振興型のビジネスを行ってきました。２００８年の統計で見ると、フランスを訪れた外国人が年間７９１０万人、中国へは５３００万人、それに対して日本を訪れた外国人はたったの８３０万人です。

日本はこれほど豊かな歴史と文化を持っている国でありながら、その素晴らしさは国外にそれほど知らされていません。ポテンシャルとしては今の五倍ぐらいの数の外国人訪問客があってもよいのです。五倍の数の観光客がもたらす経済効果は１兆円企業数十社分にも相当するのではないでしょうか。

なかでも注目すべきは中国人観光客です。

２００９年に日本を訪れた中国人は約１００万人（うち観光客は50万人）ですが、さらなる規制緩和と中国の中間層の増大により、この数はあと10年で五倍ぐらいにはなるでしょう。そう考えると、大都会や有名観光地のみならず地方都市にも観光客増大の大きなチャンスがやってきます。地方にとっては日本国内から観光客を呼ぶよりは、中国や韓国、台湾などをターゲット客とするほうがずっとビジネスチャンスが広がります。

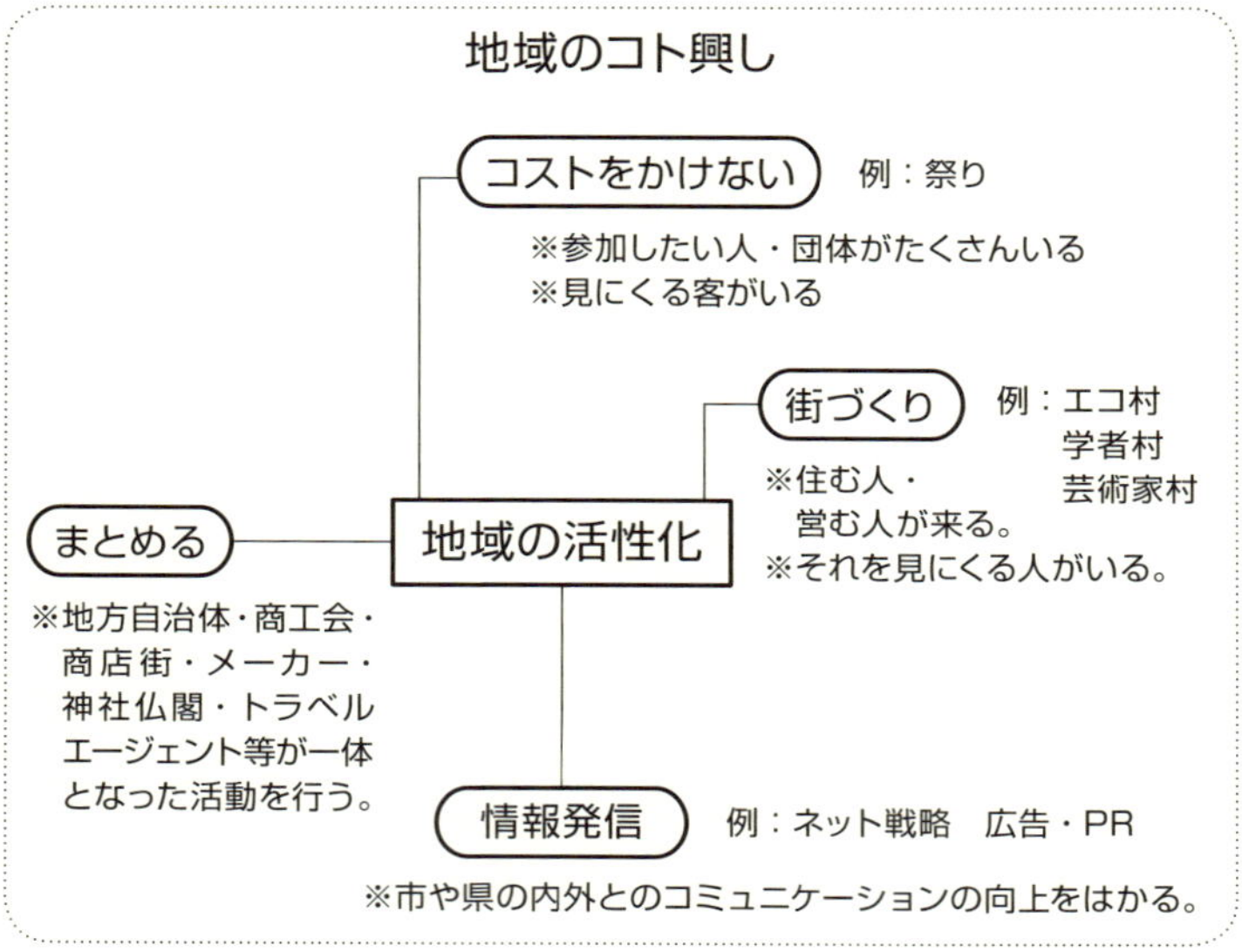
地域のコト興し
コストをかけない
例：祭り
※参加したい人・団体がたくさんいる
※見にくる客がいる
街づくり
例：エコ村
学者村
芸術家村
※住む人・
営む人が来る。
※それを見にくる人がいる。
まとめる
地域の活性化
※地方自治体・商工会・
商店街・メーカー・
神社仏閣・トラベル
エージェント等が一体
となった活動を行う。
情報発信
例：ネット戦略　広告・PR
※市や県の内外とのコミュニケーションの向上をはかる。

だからといって、外国人観光客を呼び込むために特別に建物を建てたり博物館や動物園をつくったりする必要はありません。地方に今あるもので外国人には十分魅力的なのです。ただ、それを知らしめ、楽しんでもらうための仕掛けができていないのです。そのためには、自治体、商工会、商店街などがまとまり、一つの明確な戦略のもとに町興しを考えなければなりません。

　観光客の立場に立ってものを考えれば、広報や広告などのネット情報戦略も見えてきますし、旅行代理店や地元商工会などとの連携はどうあるべきかなども明らかになってきます。それを誰がまとめるのか、別に市長や商工会の会長さんでなくともかまいません。県として、市として、町として、コト興しに熱情を傾けイニシアティブのとれる人材を選び出すことしかありません。これは特に、地方自治体には考えていただきたいところです。

遠い先祖が私たちに遺してくれた有形無形の自然・文化遺産とミーム（文化遺伝子）こそ、日本の持つ最大の事業化資源なのです。

グローバルビジネスへ一直線

私の提案する「コト興し＝事業化」を考えるときに少し心配なことがあります。「グローバル化」の真の理解とそれを担う気がまえ、ここにやや危惧《きぐ》を覚えるのです。

日本の財界やビジネスマンに聞くと、誰もが将来の市場はアジアだといい、新興国市場だといいます。しかし、その市場で何をするのかと問われると、答えははっきりしません。「それら新興国で国民所得が増えれば、日本がオファーする様々な高級品市場も拡大する。だから日本にもチャンスがある」といった答えが返ってきそうです。上流層を狙え。いわゆる「トップ・オブ・ピラミッド」（高所得者層）の発想です。

しかし、これは大間違いです。これは、押しつけの発想です。自分たちがよいと思うものが必ずその市場でも評価されるだろうと考えるのは、独善です。文化も生活習慣も異なる国には、当然異なる需要、異なる評価があるのです。その国なりのニーズをしっかりと理解した上で、商品やサービスを展開しないと、新興国の市場の獲得はできません。ここが、「異邦人」としての私が痛感するところです。

そのビジネスの対象としては、「ボトム・オブ・ピラミッド」も当然入ってきます。インドで携帯電話の60パーセント以上のシェアを持つノキアの強みは、市場の隅々のニーズをくみ取って商品開発を行っていることです。

たとえばノキアは、携帯電話端末に小さなペンライトをつけた製品を売っています。インドの田舎では街灯や門燈がないので、夜家に入るときにドアの鍵穴を探すのが大変です。それで、ペンライトで探せるようにしたのです。

また同じインドで、P&G社（プロクター・アンド・ギャンブルサンホーム）は一袋たった5円もしないシャンプーを農村で売っています。単に売っているのではなく、まずシャンプーで髪を洗いましょうという教育活動をやりながら売っているのです。洗剤やトイレタリービジネスでは世界最大の会社が、そのような草の根ビジネスを展開しているのです。

また、今インドで成功しているビジネスに、LEDを使った電池式のランタンがあります。乾電池を生産しているユニオンカーバイド社（インド）が、インドの無電化村向けにLEDを電池で点灯させる製品を開発し、この製品が爆発的に売れているのです。

こんなふうに世界のトップ企業がインドの農村の奥深くまで入り込んで事業を行っていると

いうのに、日本企業の多くは「インド市場なんて考えてもみなかった」というのが現状でしょう。

ここでも問題なのは、日本企業が世界の市場を理解していないということのほかに、はじめに技術先行的発想があり、マーケティング先行の発想がないことです。技術先行型というのは、「この技術があるから、これをどこで売ろうか」と考えることで、この発想では市場は限られてしまいます。これに対して、マーケティング的発想とは「この市場に食い込むためには何が必要か」という考え方です。もっというならば、ビジネスがグローバル化するということは、外に出ていってビジネスをすることが前提であり、チャンスがあれば出ていくということではないのです。

独善と傲慢。日本が高度成長の中で知らずの内に抱え込んだ病です。死にいたる前にすみやかに摘出しなくてはなりません。

グローバルな人材がいない？

ビジネスのグローバル化の話をすると、企業の経営者から必ず出てくるのが、「出てはいきたいが、グローバルビジネスを担える人材がいない」という嘆きです。

しかし、グローバルな人材とは、いったい何でしょうか。英語ができる人ですか。そんなこと関係ないと言いたいですね。

私がアジアを担当していた頃、成長著しいマーケットの開発のために多くの人間が必要でした。海外営業の人間だけではとうてい人がたりませんので、人材を国内の販売組織から集めようと、「エマージングマーケット・スペシャリスト募集」と銘打って、国内営業本部にお願いして10人ほどを集め、中国、インド、フィリピン、ミャンマーなどに送り込みました。

だいたい30歳前後で、大学を卒業してから5年から10年たっています。国内のセールスやマーケティングにたずさわってきた人たちですから、英語なんて大学卒業以来使っていません。錆ついています。しかし、元気とやる気さえあれば問題ありません。言葉は現地に行けばなんとか覚えます。コミュニケーションの強い意思さえあればどうにでもなるものです。

海外営業に配属された人たちも、留学経験者や帰国子女を除けば、ＴＯＥＩＣが６００点内外ですから、日本にいる社員とさしたる違いがありません。また、海外に出るからといって、日本で何カ月も語学教育を受けさせても、ほとんど徒労に終わります。言葉の勉強はその国に行くのがベストです。幕末から明治の初めにかけてイギリスや上海に渡った青年武士たち、伊藤博文や井上馨などは英語や中国語が喋れましたか。そんなことはないですね。今は小学校から英語を学ぶ時代です。それだけの素養があれば十分です。

また、グローバルな人材を育てるための特別な研修なども意味がありません。不要です。

要は経営者がグローバルビジネスを展開するのだという強い意志と決断力を持つことです。人材がいないというのは言い訳にすぎません。

日本の若者よ、海外へ雄飛せよ

最近の話題で、大学４年生の就職内定率が３月卒業時で80パーセントとなり、戦後最低の数字だとメディアも大騒ぎをしていました。大学は対策として、単位をすべて取り終えた学生でも「翌年卒業」に切り替えられるようにしたとか、就職対策をさらに３年生の１学期から始めるとかいっていますが、このこと自体、もう異常な世界です。

そんなことで、親や子供の不安をつのらせて何の得があるというのでしょうか。そもそも大学卒業と同時にあるいは卒業前に、就職先が決まっていなくてはならないものなのでしょうか。欧米では学生時代から「インターンシップ（企業研修）」をかなり長い期間経験し、その間にその会社に勤めるか、大学に残るかを決めます。企業側も大学新卒など使いものにならないことは先刻承知です。まずは経験者採用を考えます。どうして日本の企業は新卒者を採りたがるのでしょうか。それは、終身雇用制や年功序列制度を基本としているので、何もわからない青年を採って、自分（自社）の色に染めようということではないでしょうか。

大学も学生も、そんな企業に振り回されることはありません。だいたい、大学に入学したときから就職のことを考えるということになったら、大学の存在価値は何なのでしょうか。ちなみに、ＧＤＰ成長率が12パーセント近い中国でさえ2割の学生が、大学を卒業しても就職口がないそうです。これが普通の社会なのです。

２００４年、秋田県に公立の国際教養大学が創立されました。ここでは、授業が英語で行われ、活発にインターンシップや留学指導を行っています。特に大学が就職斡旋活動をしなくとも、企業から引く手あまたの求人がきているそうです。大学は企業に媚《こ》びることなく、学生の夢をかなえられるよう、国際人として育てる。その結果として、さらに海外で勉強するのか、あるいは企業に入って働くのか、はたまたインターンシップでまだ様子を見るのか、そんな様々なオプションを用意する。それが、この大学の理念なら、これは素晴らしいことです。

我々が大学生の頃、作家の寺山修司が「書を捨てよ、町に出よう」と呼びかけました。今ならさしずめ、「就職ガイドを捨て、国外に出よう」ということになるでしょうか。

「先富論」から「先進論」へ

１９９２年、中国の鄧小平は有名な「南巡講話《なんじゅんこうわ》」の中で、それまで賛否の議論が絶えなかった市場経済の導入を声高らかにうたい、今日の中国発展の第一歩を踏み出しました。その中で中国国民の印象に最も残ったのは「先富論」でしょう。

先富論そのものは85年ごろから鄧小平が唱えていたことですが、このとき初めて現実味を帯びて中国国民に伝わったと考えられます。今はむしろ、その行き過ぎばかりが海外では問題視されています。先富論の骨子は、「可能な者から先に裕福になれ。そして落伍した者を助けよ」というものですが、これを今の中国人は「先に裕福になれるものはなれ、やがては皆裕福になれるから」と理解しています。

それは別に悪い解釈ではなく、まだまだ多くの中国人が自分の暮らしはもっとよくなる、自分はもっと金持ちになれる、と信じています。それが今の中国の力となっており、肉食系若者を生みだす原動力にもなっているのでしょう。

ただ、それもあと何年続くかはわかりません。確かに落伍した者を助けるという部分は希薄になっているように見えます。いつまでたっても裕福になれない人たちが、自分たちの将来を悲観したときに何が起こるか、要注意です。中国政府は今さかんに「和諧」政策を唱えていますが、国家資本主義社会（現代中国の経済の仕組みを資本主義と考えれば）で平等社会を実現するには相当の時間がかかるでしょう。

そこで、日本。

はからずも、今の日本はどんどん和諧社会の方向に動いています。政府は賃金の低い層に対する手厚い保護を目指し、それが格差社会の是正であるといいます。また、国の借金を際限なく増やして社会保障を充実させようという方向に向かっています。それが良いか悪いかの議論は別にするにしても、日本には「先富論」に当たるような考え方はどの層の人たちにも見当たりません。それを悪と考えているのか、あるいは富に対する欲求そのものが萎《な》えてしまっているのか、いずれにしても一億総草食系化です。

ある統計によると、自分の暮らしが今の程度でよいと考えている人が国民の半数近くいます。しかし、同時に3割ぐらいの人が、暮らし向きが以前に比べて悪くなったとも言っています。

前にも述べましたが、今のままでよいと思った瞬間から、経済は悪くなるのです。人間社会は、望みを高く持ち続けてやっと現在の暮らしが守れるのです。国民や政府が守りに入った瞬間に経済は上昇気流に乗れずに悪いほうへと落ちていきます。

今の日本には、この前に進む推進力が決定的に欠けています。そこで私は、「先進論」という概念を提起したいと思います。つまり、「先に進める者から進めばよい、先に行った人はあとから来る人を引っ張りあげなさい」と。

先に進む者とは必ずしも富める者ではないし、学力のある者でもありません。ある明確な意思を持った人間のことです。国も企業も学校も社会も、そのような人間の足を引っ張ったり、頭を押さえつけたりしてはいけません。むしろ、そういう人物を鼓舞する制度や基盤を整備するのが国や企業の仕事だと思います。

そして、我々が進むべき先は間違いなく「世界」です。内需は外需獲得のための第一歩にすぎないと考えるべきです。

日本は、世界に向けてその知恵とアイデアと技術と文化を、「ビジネス」という船に乗せて回航する海洋国家に変身しなければならないのです。

これから面白くなる10年

もうおわかりでしょう。

このあとの10年に、大きな時代変化と一緒に地球規模での価値観の変化が訪れます。それは、日本の政治・経済の方向性を大きく変えるほどのマグニチュードであり、当然我々の生き方もガラリと変えることになるはずです。

「環境」がもたらす新しいエネルギーの時代になると、これまで思いもよらなかったビジネスチャンスが生まれます。日常の生活環境が大きく変わるということは、毎日起きてから寝るまでの生活シーンがすべて変わることです。朝起きて何気なくつけていた冷暖房も元となるエネルギーが変わり、駅まで歩く歩道の空気も変わり、自動車の騒音や排気ガスもいつのまにか消え、空の青さがグンと増します。それだけで、昨日までとは違う自分を見出すことができるかもしれません。

新しいエネルギーをベースとした新しい事業の種が我々のあらゆる生活シーンにころがっているかもしれない。そう考えると、実に面白くなります。なにも大きなことを考える必要はありません。自分たちの日常の中に将来のビジネスの種はいくらでもあるのです。

また、広い意味のサービスやソフトにビジネスチャンスがたくさんあることも何度となく述べてきました。我々の身のまわりに、世界に通用するビジネスモデルがいくつも眠っているのです。世界の巨大ビジネスも最初は小さな思いつきから始まった例が多いのです。

「モノづくり」的価値観から解放されたときに、初めて見えてくる新しい世界があるのです。その新しい価値を敏感に感じ取りましょう。それには「こんなものがあったらいいな」「これは誰もが喜ぶんじゃないだろうか」と感じる心をもつ訓練を自らに課すことです。つまり、マーケティングマンの心を持つことです。そうすれば、この世の中はビジネスチャンスで埋め尽くされているように見えてきます。

「コト興し＝事業化」というと、かなりやっかいで、重たいことのように思われるかもしれませんが、意外とそうでもありません。世の中には必ずあなたを理解し、共鳴してくれる人がいるものです。それはときに仲間であり、ときに顧客です。世の成功者は、みなそういう人に支えられて成功に導かれたのです。

まわりの人を味方につけるためには、自分自身をマーケティングすることが大事です。つまり、自分の持つ固有の価値を正確に把握し、十分に理解して、その付加価値を高めることです。このことを実践すれば、自ずとそれを評価してくれる多くの人々に出会うことができるでしょう。

次の10年は、「モノづくり」から「コト興し」の10年、化石燃料から再生可能エネルギーへ転換する10年。そう考えただけで、何やらいろいろと面白いことが起きそうな10年だと思えてきませんか。「失われた20年」とか「高齢化社会へ突入の日本」などと悲観し、ヘコんでいる場合ではありません。産業革命から１５０年ぶりに現われたこの環境の大変化は等しく万人にやってきます。このチャンスを生かすことを考えれば、このあとの10年は本当に面白くなります。

おわりに

2010年4月20日にアメリカ・ルイジアナ州のメキシコ湾沖合で起きた「事件」は地球の未来を占う上で、大変重要な意味を持っています。BPによる原油流出事故です。

3ヵ月経った今もその解決の目途も立たず、オバマ政権は苦境に立たされています。いずれ流出を止めることはできるでしょうが、この事故を受けて今後アメリカはどう行動するのでしょうか。我々は何を学べばいいのでしょうか。

化石燃料は地球の歴史が我々に与えた自然の恵みですが、その恵みの賞味期限も切れようとしている今、人間はなおも深い海から原油の最後の一滴まで汲み出そうとして、このような大惨事を招いてしまいました。まるで神が「アセンション」の到来を予告しているかのようです。

BPの事故を待つまでもなく、地球人は今こそ、次のエネルギーの時代に入ったことを自覚しなければなりません。日本にはその新しいエネルギー技術の開発と実践の両方で世界のリーダーになる素養が備わっていると、私は確信しています。

今後オバマ大統領は、このメキシコ湾の油流出事故を受けて自らのグリーン・ニューディール政策がいかに正しいかを力説し、石油流出事故で追い込まれた政権を逆に強固にするような施策を出してくるでしょう。

そこから見えてくるのは、自動車産業で一敗地にまみれたアメリカが、次のエネルギーの時代になっても、また新たな産業覇権を目指して行動を起こそうとしている姿です。オバマ大統領は、ＢＰ事故を逆手にとって国民の環境マインドをさらに鼓舞し、新しいインフラや先端環境技術に巨額の財政投入を図ると思われます。

一方日本は、自動車産業や環境技術では世界の先頭を走っていると考えている人が多いかもしれませんが、残念ながらそうではありません。アメリカが大きな投資を行えば、日本の現在の優位性などすぐにも吹っ飛んでしまいます。

そうならないためには、次の10年を「環境の10年」と位置づけ、このステージこそ日本が世界のリーダーになるようにしたいと切に思います。

本書では、かなり強いトーンで「モノづくり」をやり玉にあげましたが、私は決して日本でモノをつくるなと言っているのではありません。

日本には世界に誇る先端技術の数々があり、その製造も行っています。また大きな装置産業で、人手をあまり必要としない製造業であれば、世界中どこでつくってもコストがさほど変わらないようなものもあるでしょう。要は、参入障壁が低くなり、製造で利益が取れなくなったら早くそれを諦めて、他人（他国）につくらせることを考えましょうと言いたいのです。そのほうがかえって、結果的に利益を大きくすることもあります。大事なことは、製品につながる事業（コト）を伸ばすことによって新たな収益を生む「事業化モデル」を考えることです。

また日本には、モノ以外にもビジネスにできるサービスやソフトや文化、すなわち「コト」がいくつもあり、それが眠っています。日本人もあまり自覚していませんが、それらは、まだ白紙の海外市場では展開できる余地が十分にあるのです。異邦人として海外から日本を眺めることの多かった私には、それがよくわかります。

民主党政権の掲げる「コンクリートから人への転換」もいいのですが、より現実的なスキームとしては「モノづくりからコト興しへの転換」を、そして経済的な大方針としては「内需から外需への転換」を国全体で考え、行動していく時がきていると感じています。

本書が、これからの日本を担う若きビジネスマンへのささやかな指針となれば、とてもうれしく思います。

２０１０年７月

著者

小寺　圭（こでら・けい）

1946（昭和21）年東京都生まれ。東京外国語大学卒業。
GMディストリビューション・コーポレーションを経て、1976（昭和51）年ソニー㈱入社。海外営業本部中近東アフリカ部長、ソニー・アジア・マーケティング・カンパニー（シンガポール）社長、ソニー海外営業本部長、ソニー・ヨーロッパ・コンシューマー・マーケティング・グループプレジデント、ソニー・マーケティング社長、ソニー・チャイナ・インク会長。2006年、日本トイザラスCEO。現在、クオンタムリープ・エグゼクティブ・アドバイザー。永年の海外営業経験で豊かな国際人脈を築き、その風貌、国際感覚、鋭い舌鋒、行動力から、しばしば“異邦人”視される。日本に定住した今、国際人脈、マーケティング力、独特な視点から、企業のコト興し、町興しを呼びかけている。本書は処女作品。

ヘコむな、この10年《ねん》が面白《おもしろ》い！

初刷　2010年7月30日

著者　小《こ》寺《でら》　圭《けい》

発行人　山平松生

発行所　株式会社　風雲舎

〒162―0805　東京都新宿区矢来町122　矢来第二ビル
電話　〇三―三二六九―一五一五（代）
注文専用　〇一二〇―三六六―五一一五
FAX　〇三―三二六九―一六〇六
振替　〇〇一六〇―一―七二七七六
URL　http://www.fuun-sha.co.jp/
E-mail　mail@fuun-sha.co.jp

印刷　真生印刷株式会社

製本　株式会社　難波製本

ISBN978-4-938939-62-5